Hermann H. Wala, Uwe H. Lebok

Schöne *Meine* Welt

„Unser Buch widmen wir der schönen neuen Welt
und unserem WIR-MARKEN Konzept
- und all den inspirierenden Menschen,
mit denen wir über dieses Projekt
diskutieren konnten.
Ohne Ihre Mithilfe
wäre dieses Buch nicht entstanden."

Schöne *Meine* Welt

Wie GenYZ die Arbeits- und Markenwelten verändert

epubli

Bibliografische Information der Deutschen Nationalbibliothek:
Die Deutsche Nationalbibliothek verzeichnet diese Publikation in der Deutschen Nationalbibliografie;
Detaillierte bibliografische Daten sind im Internet über http://d-nb.de abrufbar.

Für Fragen und Anregungen: v.moll@atyoursite.de

1. Auflage 2016

Ein Imprint der Wala Strategy & Brand Consultants
Hermann H. Wala
Maximilianstraße 47
80538 München
Germany
Fon +49 (0) 89 2370 9990
h.wala@walastrategy.com

Druck: epubli ein Service der neopubli GmbH, Berlin

ISBN Print 978-3-****-***-

INHALT

Geleitwort

Wir leben in einer Zeit großer Umwälzungen. Die Digitalisierung und die mit technologischen Innovationen wie Facebook, WhatsApp oder Twitter aufgewachsenen jungen Generationen stellen unsere Marken- und Arbeitswelt auf den Kopf. Unternehmen und Führungspersonen müssen ihre Markenstrategien und Führungsstile den neuen Dynamiken anpassen, um erfolgreich agieren und ihre Zukunft erfolgreich gestalten zu können.

Die praktische und strategische Umsetzung von Markenstrategien scheitert in Unternehmen leider viel zu oft aufgrund fehlender Visionen. Man verfügt zwar über die materiellen Ressourcen, innovatives Denken wird aber in den Mühlen starrer Hierarchien zermahlen. Erst Vertrauen macht es möglich, dass große Dinge entstehen. Der Philosoph Immanuel Kant sagte sinngemäß: Jeder Mensch hat nicht nur das Recht auf seine eigene Meinung, sondern auch die Pflicht, sich seines Verstandes ohne Leitung durch einen anderen zu bedienen.

Das Vertrauen, das ich während meiner Zeit bei Media Markt und Saturn meinen Mitarbeitern entgegengebracht habe, hat das Potential jedes Einzelnen erst vollständig freigesetzt. Denn Vertrauen ist die Grundlage für alles. Vertrauen ist geschenkte Freiheit. Darum heißt es auch Konzern. Das Wort war früher positiv besetzt, es bedeutet, um eine Mitte herum versammelt zu sein. Diese Mitte war bei uns der Mensch.

Eine moderne Unternehmensführung sollte in ruhigen Zeiten praktisch als Klimagerät des Unternehmens funktionieren und die notwendigen atmosphärischen Voraussetzungen für die Umsetzung einer gemeinsamen Vision schaffen. In stürmischen Zeiten muss man aber auch den Mut haben, voranzugehen. Vormachen, Mitmachen, klare Signale setzen, ganz nach dem Motto einer für alle, alle für einen. Nur so kommt die ganze Mannschaft voran.

Der gute Dialog mit den Menschen ist Voraussetzung dafür, um in der Zukunft erfolgreich zu sein. Dabei ist eine authentische, emphatische Kommunikation der wichtigste Hebel. Die Markenbotschaften müssen von den jungen Generationen verstanden und anerkannt werden. Wir müssen uns auf deren veränderte Kommunikationsgewohnheiten einlassen, Interaktionsmöglichkeiten schaffen und ein WIR-Gefühl vermitteln. Die Unternehmens-Vision muss von der Unternehmensführung authentisch vorgelebt werden. Werbung ohne Substanz, die keine wahren Botschaften vermittelt, ist kraftlos und vermittelt keinen Sinn. Moderne Markenführung konzentriert sich darauf, Werte zu definieren. Die gelebte Marken-Vision schafft dann ein WIR-Gefühl.

Das Buch der Autoren Hermann H. Wala und Uwe H. Lebok zeigt die Herausforderungen dieser neuen Markenwelt auf und gibt Unternehmen und Führungspersönlichkeiten praktische Tipps an die Hand, wie sie die Kunden und Arbeitnehmer von morgen für ihre Vision begeistern können. Das erfolgreiche Konzept der WIR-MARKE wird weiterentwickelt und den Ansprüchen der GenerationY und ihren Nachfolgern angepasst. Das Buch lenkt den Blick des Lesers immer wieder auf das Wesentliche, was für unternehmerischen Erfolg in Zukunft wichtig ist: Eine erfolgreiche Markenstrategie.

Media Markt Mitgründer
Walter Gunz

Vorwort zu Schöne *Meine* Welt

von Christian Göttsch

Marken und Unternehmen sind nur so gut wie die Menschen die dahinter stecken.

Die Generation Y kommt nun zunehmend in die Verantwortung. In diesem Umbruch stecken viele Chancen. Lebens- und Arbeitserfahrung von Baby Boomer und Generation X treffen zusammen mit einer frischen Sicht auf die Zukunft. Mit dieser jungen und selbstbewussten Generation zusammen zu wachsen, stellt die Etablierten aber auch vor so manche Herausforderung. Die jüngste Generation, die gerade den Arbeitsmarkt betreten hat, löst so mitunter große Verunsicherung unter den Markenverantwortlichen, Führungskräften und in den Personalbereichen aus. Schon 2015 wird jeder 5. Arbeitnehmer der Generation Y angehören. Ihnen gehört die Zukunft. Umso bedeutsamer ist es für die Unternehmen, diese Generation zu verstehen.

Bekannte und vergleichsweise eindimensionale Motive wie Gehalt und vertikale Karriere scheinen gegenüber Work-Life Balance sowie Hunger an permanent neuen Impulsen und Erfahrungen in den Hintergrund zu treten. Disziplin und Loyalität zum Unternehmen nehmen spürbar ab. In etlichen Märkten herrscht Fachkräftemangel und gibt der Generation Y ein verstärktes Selbstbewusstsein und eine andere Erwartungshaltung an ihren zukünftigen Arbeitgeber. Das erfordert bei Unternehmen, Führungskräften und Personalbereichen ein Umdenken in der Kommunikation, Gewinnung und Führung der Generation Y.

Neben der veränderten Motivlage konfrontieren sie Unternehmen enorm schnell mit immer neuen Medien- und Kommunikationstechnologien. „Messaging" in unterschiedlichster Form ersetzt Email, die doch gerade erst in vielen Unternehmen angekommen zu sein schien. Schnelligkeit, Dynamik nehmen zu, Kommunikation wird unverbindlicher. Für Führungskräfte gilt es, eine Generation zu begeistern, die zwar auf Marken, jedoch nicht auf dessen konventionelles Marketing anspricht. Über Content Marketing und Austausch auf Sozialen Plattformen kann dagegen sehr zielführend auf diese Zielgruppe eingewirkt werden. Die Mechanismen sind anders, oft komplizierter, und müssen von vielen Unternehmen noch erlernt und kulturell verdaut werden. Employer Branding ist eine Gratwanderung geworden: Transparenz und Authentizität sind der Kern jeder Marke und die Gelegenheit, Gen Y für sich zu gewinnen, oder zu verlieren. Marken, die über diese Medien- und Kommunikationskompetenz verfügen, werden im Vorteil sein.

Die Generation Y ist erstmals in einer globalisierten Welt aufgewachsen und geht daher wesentlich kompetenter und selbstverständlicher mit internationalen Produkten, Märkten und Menschen um – eine enorme Chance!

Zukünftig erfolgreiche Unternehmen wissen diese generationsspezifischen Unterschiede für sich zu nutzen. Dieses Buch zeigt dafür Beispiele und gibt Anstöße, wie man Führungskräfte der Zukunft erfolgreich gewinnt, bindet und entwickelt.

Im Speziellen geht dieses Buch auch auf mittelständische Unternehmen ein, die nur scheinbar im Nachteil sind, wenn es um die erfolgreiche Rekrutierung der Generation Y geht.

Christian Göttsch, CEO & Founder - Experteer

1 „Wir Mit-Menschen“ und die anderen: Was GenY einzigartig macht

Generationen-Marketing: Warum wir Pauschalisierungen mögen

„Ein Bild sagt mehr als 1000 Worte.“
Deutsche Volksweisheit

Die Liste an Publikationen über den Wandel zwischen den Generationen, der „Ypsilonisierung“ und der Auswirkungen einer fortschreitenden Digitalisierung, wird länger und länger. Die hierzu getroffenen Aussagen und Ableitungen sind dabei äußerst unterschiedlich – vom reinen Bauchgefühl, persönlichen Interpretationen bis hin zu fundierten quantitativ belegbaren oder psychologisch nachweisbaren Insights. Die Generationen Y und Z sind in aller Munde: In Zeitungen, im Personalmanagement und auch in der Markenführung. Generationen-Marketing hat nach der Jahrtausendwende einen enormen Schub in der Breitenwirksamkeit erlebt! Das, was „früher“ in der klassischen Konsumentenansprache galt, wird heute in Frage gestellt oder zumindest als „old fashioned“ abgetan. Vergleiche zwischen „Jung“ und „Alt“ sind alltäglich, die Suche nach Gemeinsamkeiten und Unterschieden zwischen den Generationen notwendig, um Veränderungen im Alltagsverhalten zu verstehen.

Angefangen hatte die massenmediale Generationen-Nabelschau aber schon viel früher, in den 68ern: Der sich mit den Studentenunruhen in der ganzen Republik verbreitende Wertewandel und seine Konsequenzen auf Einstellungs- und Verhaltensmuster löste ein deutschlandweites Interesse aus, wie junge Menschen um 1967-1970 ticken, welche Lebensziele sie haben und was sie an Deutschland verändern wollen: Die BILD hatte am 3.6.1967 die Headline *„Demonstrieren JA, Randalieren NEIN!"*, DIE WELT am 1.7.1967 die Schlagzeile *„Unruhe gehört zum Wesen der Universität"*. Die „68er-Generation" wurde geboren und die Soziologie wurde Modestudium! Mit der Lupenbetrachtung der „68er" und ihrer Einstellungen zu Obrigkeit, Sex'n'Drugs & Rock'n'Roll wurde ein Gegenbild zur Elterngeneration entworfen: Kriegsgeneration, Teil der Nazikultur, Heimkehrer, Vertriebene, Trümmerfrauen, festgefahrene Familientradition i.S. *„Papa arbeitet und verdient Geld, Mama kümmert sich um Haushalt, Kinder, Papas Socken"*.

Mit Umschreibungen wie „Trümmerfrauen", „Hausfrauendasein" oder „68er Revolutionäre" werden sofort schnelle Bilder im Kopf des Lesers erzeugt[1]. Nachweislich waren nicht alle Jugendlichen und jungen Menschen um 1968 Revolutionäre, gingen nicht alle dieser Altersgruppe auf den Straßen demonstrieren oder skandierten *„Ho Chi-Ho Chi Minh!"*. Beispielsweise studierten damals viel weniger junge Erwachsene als heute[2] und nicht jeder Jugendliche war langhaarig, linksgerichtet und kiffte. Genauso wie auch nicht alle Eltern der 68er-Jugend Nazis waren. Pauschalisierungen erlauben es uns aber, ein schnelles Bild über Zeitepochen und deren Prototypen zu bilden.

---

1 Kroeber-Riel nennt verständliche Bilder „schnelle Schüsse ins Gehirn". Was zählt, sind „Schlüsselbilder", die letztlich zu einer Trivialisierung von Informationen beitragen. Vgl. Werner Krober-Riel, Bildkommunikation, Vahlen 1993.

2 Laut Statistischem Bundesamt studierten im Jahre 1970 rund 125.000 Frauen und 272.000 Männer in Deutschland; im Jahre 2000 studierten bereits über 1,6 Mio. Menschen (870.000 Männer und 742.000 Frauen) an deutschen Hochschulen (jeweils ohne Auslandsstudierende, vgl. www.gesis.org/hist/table/details/32B99BA19EE964CE8F3A70E08A15DC).

Dieses Prinzip der Vereinfachung wenden wir tagtäglich bei den meisten unserer Entscheidungen an. Bekannte Sachverhalte, Bilder oder Codes dekodiert unser menschliches Gehirn in Bruchteilen von Sekunden. Der Wirtschaftsnobelpreisträger und Psychologe Daniel Kahneman nennt diesen Entscheidungskreislauf unseres Gehirns den sog. System1-Modus[3]. Mit diesem Modus verknüpft sind Intuition, Bauchentscheidungen, Emotionen, aber auch Erfahrungswerte und Wissensbausteine – folglich auch Erlerntes, das sich schnell und jederzeit abrufen lässt: Wir schalten in unserem Alltagsverhalten auf Autopilot (zuerst Aufstehen, dann Zähneputzen), versetzen uns in persönliche Phantasiewelten (Kopfkino) und wir entschlüsseln ganz unbewusst die Bedeutung von Signalcodes (Rote Verkehrsampel). Nach demselben Prinzip funktionieren auch erfolgreiche Marken, die sich in stetiger Interaktion mit den potenziellen Konsumenten über berührende Erlebnisse befinden[4].

Schnelle Dekodierungen vereinfachen uns das Leben. Bei umständlichen, komplizierten Ausführungen schalten wir meistens schneller ab – es sei denn, wir sind gezwungen, uns damit auseinandersetzen. Im Alltag streben wir aber prinzipiell nach Komplexitätsreduktion und Vereinfachungen. Das erleichtert Entscheidungen, ermöglicht Generalisierungen und führt zu Handlungsroutinen, über die wir nicht mehr nachdenken müssen. Wir fühlen uns sicherer.

Von unserem Gehirn zurechtgelegte Pauschalisierungen oder Stereotypisierungen entsprechen zwar niemals der gesamten (objektiven) Wahrheit, sie laden uns aber zu einer schrittweisen Auseinandersetzung mit Themen oder Zielgruppen ein.

---

[3] Daniel Kahneman, Schnelles Denken, langsames Denken, Siedler 2012

[4] Ralph Ohnemus, Markenerleben. Die Strategie im Hyperwettbewerb und Informationstsunami, edition carthago 2015

Wer einmal den emotionalen Zugang gefunden hat, will meistens später noch mehr wissen, will sich selbst dazu mitteilen.

Auch wir bedienen uns in unserem Buch diverser Generalisierungen. Es erleichtert uns, wesentliche Ableitungen des stattfindenden Generationenumbruchs für Personalführung und Markenmanagement einfach und nachvollziehbar zu vermitteln. Selbstverständlich ist auch in der Generationenbetrachtung alles deutlich komplexer. In jeder Generation bestehen eine Vielzahl an Facetten und Ausnahmen von der Regel. Streng wissenschaftlich lassen sich auch viele Querverbindungen, Überlappungen und Gemeinsamkeiten zwischen den Generationen beobachten. Bei der Betrachtung der GenY kristallisiert sich aber so etwas wie eine „eigene Handschrift" heraus, die weniger erkennbar bliebe, wenn Ausnahmen stärker fokussiert würden als mehrheitlich nachweisbare Schemata.

Dennoch lohnt sich vorab ein Exkurs in die Demografie und Sozialpsychologie, bevor wir in die Lebenswelten der Ypsiloner eintauchen.

Wie sich Generationen definieren, was Generationen ausmacht

„Die eine Generation baut die Straße, auf der die nächste fährt."
Chinesische Volksweisheit

Haben Sie schon einmal darüber nachgedacht, was genau eine Generation eigentlich ist? Nehmen Sie sich doch einen Moment dafür Zeit, bevor Sie dann weiter lesen.

Das lateinische Wort „generatio" bedeutet so viel wie „Lebensalter", das in der Antike und im Mittelalter für den Großteil der Menschheit mit 30-40 Jahren beendet war. In der Demografie bezieht sich der Generationenbegriff auf den quantitativ messbaren Altersabstand einer Elterngeneration zu ihren eigenen Kindern[5]. Vor dem Ersten Weltkrieg lag der Wert um die 20 Jahre (Erstgeburt einer Mutter), heute sind das im gesamtdeutschen Durchschnitt fast 30 Jahre. In der Soziologie wird Generation deutlich offener definiert als „Gesamtheit der Menschen ungefähr gleicher Altersstufen mit ähnlicher sozialer Orientierung und Lebensauffassung"[6].

In jedem Fall berücksichtigt diese Definition eine für Generationenunterscheidungen unabdingbare Kohortenbetrachtung. Gerade bei der Bewertung der Ypsilonisierung ist dieser Ansatz besonders wichtig: Wenn sich bestimmte Verhaltensweisen gesamtgesellschaftlich über die Jahre verändert haben (z.B. Markenloyalität), dann wird dies in einem Vergleich zwischen 1995 und 2015 offensichtlich. Ob ein Effekt generell

---

[5] Lat. „generatio" wird nicht nur mit Lebensalter übersetzt, sondern auch mit Zeugung / Geschlecht. Reproduktivität wird eigentlich in der Generationenbetrachtung immer vorausgesetzt. Kinderlosigkeit führt streng genommen zum Ausschluss im intergenerativen Vergleich.

[6] Martina Mangelsdorf, Generation Y, Gabal 2014, S. 10

und über alle Altersgruppen gleich stark immanent ist oder vor allem aus gravierenden, Geburtsjahr bedingten Veränderungen in Verhaltensmustern erwächst, lässt sich erst in der Jahrgangsbetrachtung darstellen. Zudem können einzelne Generationen auch andere „infizieren“, indem eine Generation quasi als „Early Adopter“ Veränderungen vorantreibt, die andere Generationen nach anfänglicher Skepsis übernehmen. Die starke Jugendorientierung und das psychologische Negieren des Älterwerdens machen es für die „älteren“ Generationen immer leichter, Trends der jüngeren Kohorten zu folgen. PC schlägt Schreibmaschine, iPad umgänglicher als Laptop, krawattenlos freier als zugeknöpft.

Jeder Geburtsjahrgang erlebt für sich seine eigene Kindheit, Jugend, frühes Erwachsenenalter usw.. Kritische Stimmen gegenüber einer Generationenbetrachtung halten oftmals vor, dass es im Laufe eines Lebens zeitpunktbedingte Anpassungen gibt: Mit dem Berufseinstieg endet die frei gestaltbare Jugendphase, nach Geburt des ersten Kindes beginnt die elterliche Verantwortung und eine weitere Einschränkung im individuellen Zeitbudget erfolgt (...). Das ist sicherlich richtig und auch, dass in den Lebensphasen zahlreiche Übereinstimmungen über die Geburtsjahrgänge hinweg festzustellen sind (Trotzphasen, Schulzeit, pubertäre Verhaltensweisen, Familiengründung). Dennoch unterscheiden sich die Ausprägungen im intergenerativen Vergleich der Lebensphasen mitunter deutlich. Allein die Präferenzen in Freizeitverhalten, Musikgeschmack und Berufseinstellung im Alter 16-20 differenzieren in einer Jahrgangsbetrachtung zwischen 1975, 1995 und 2015. Ein Beispiel: Im Jahre 1975 trafen sich die Gleichaltrigen noch an „sozialen Orten“ zu bestimmten Zeiten, 1995 – zu Beginn der Mobiltelefon-Expansion - telefonierten sich die Jugendlichen zumindest noch zusammen, 2015 heißt es „Smartphone über alles“. Die Phasen sind immer noch dieselben, aber Bühne und Equipment haben sich deutlich gewandelt.

Die Zusammensetzung einzelner Generationen nach Geburtsjahrgängen ist in der Literatur sehr unterschiedlich. In den letzten Jahren hat sich aber weitgehend eine Einteilung durchgesetzt, in der etwa 15 Jahrgangkohorten zu einer Generation zusammengefasst werden. Damit sind die Abstände zwischen den Geburtsjahrgängen groß genug, um generationenspezifische Phänomene nicht nur auf ein paar wenige Jahrgänge zurückzuführen, aber auch klein genug, um der Wirkung von Zeitpunktphänomenen in der prägenden Lebensphase Jugend im Alter zwischen 10 und 15 den notwendigen Platz einzuräumen.

Zudem erhalten viele Generationenbezeichnungen Alternativnamen oder erleben Neudefinitionen. Eine der markantesten Neudefinitionen betrifft die Babyboomer. Ursprünglich waren mit dieser Nomenklatur alle Jahrgänge nach dem Zweiten Weltkrieg gemeint, die überdurchschnittlich hohe Geburtenzahlen aufzuweisen hatten. In den USA waren das mehrere Jahrgänge unmittelbar nach Kriegsende, in Deutschland nach erfolgtem Wiederaufbau und infolge des Wirtschaftswunders die Geburtsjahrgänge 1955 bis 1970. Aufgrund veränderter sozioökonomischer Rahmenbedingungen in Kindheit und Jugend hat sich heute die Definition der Babyboomer auf die Jahrgänge 1950 bis 1964 etabliert, der wir auch im Weiteren folgen werden.

Dass Neudefinitionen oftmals auch im Zuge der sozialen Erwünschtheit erfolgen, ließ sich wunderbar in der „Best Ager"-Diskussion der letzten Jahre verfolgen. Noch bis vor 10 Jahren wurde die Marketing-Zielgruppe der „Best Ager" oder „Silver Surfer" mit 50+ oder 60+ definiert. Die Titulierungen dieser Zielgruppe in den 1990er Jahren und um die Jahrtausendwende stammten in der Regel aus der Feder der Babyboomer. Mittlerweile befinden sich die Babyboomer 2016 selbst in diesem Altersklassement und am Ende ihrer Berufskarriere. Sie fühlen sich aber ganz und gar nicht alt. Zu den

„Best Agern“ würden sie sich selbst nie zählen, sie halten sich immer noch für wichtig und unersetzlich, schieben das Thema „Altwerden“ subjektiv in immer höhere Sphären wie 70+ oder 75+.

Schließlich noch zwei letzte Einschübe zur generalisierenden Generationenbetrachtung: Wie alle Grundgesamtheiten lassen sich auch zusammengefasste Jahrgangskohorten „clustern“ und statistisch in Subgruppen einteilen. Über das Für und Wider von Clusteranalysen zu diskutieren, würde an dieser Stelle jedoch den Rahmen sprengen[7]. Fakt ist jedoch, dass es in jeder Generation Menschengruppen gibt, die für eine Generation prägende und für die Allgemeinheit einprägsame Wirkeffekte hinterlassen. Hier sei nochmals an das Bild der „68er Revoluzzer“ erinnert: Nur eine verhältnismäßig kleine Bevölkerungsgruppe erwirkte sukzessive eine Veränderung mit gesamtgesellschaftlicher Tragweite. Viele weitere Zeitgenossen folgten in Ansätzen dem Gedankengut ihrer Vordenker (auch Berti Vogts, Gerd Müller und Günther Netzer trugen um 1972 lange Haare), aber eben nur in Ansätzen. Zudem gilt für alle Generationen und deren spezifische Verhaltensausprägungen, dass auch hier die Gaus'sche Normalverteilung irgendwie greift: Die Wahrscheinlichkeit, dass bestimmte Einstellungen, Motivstrukturen oder Verhaltensweisen in einer Generation zutreffen, ist an ihren Rändern meistens niedriger. Insbesondere in den Jahrgängen, die sich

---

[7] Eine kritische Auseinandersetzung im Umgang mit Clusteranalysen sowie der methodisch bedingten Überbewertung der Unterschiede gegenüber den viel häufigeren Gemeinsamkeiten in den statistisch ermittelten Zielgruppenclustern liefern u.a. R. Kennedy and A. Ehrenberg, There is no Brand Segmentation, Marketing Research Spring Edition, American Marketing Association, 2001, S. 4-7; B. Sharp, M. Tolo and A. Giannopoulos, A Differentiated Brand Should Appeal to a Distinct Segment, Albany 2001; Elmar Haimerl und Ralph Ohnemus, 2005, Was läuft falsch bei Marktsegmentationen? In: Jahrbuch der Absatz- und Verbrauchsforschung, Heft 3, S. 242-265.

in unmittelbarer Nachbarschaft zu vorangegangenen oder nachfolgenden Generationen befinden.

Und schließlich noch ein Effekt, der für die Generationenbetrachtung unerlässlich ist, bislang aber in der Literatur völlig ausgeklammert wurde: Die Wirkung der Migration. Deutschland ist seit Jahrzehnten eines der größten Zuwanderungsländer weltweit[8]. Was anderes zu behaupten, ist völliger Nonsens und bar jeder seriösen Faktensichtung seit Ende des Zweiten Weltkriegs. Demografisch wie sozioökonomisch sind die positiven Migrationseffekte mehrfach belegt. In vielen deutschen Großstädten liegt der Migrationsstatus heute schon über 40% bei den unter 40-Jährigen: Mindestens jeder Dritte dieser Altersgruppe ist also selbst im Ausland geboren oder hat mindestens einen nicht aus Deutschland stammenden Elternteil.

Für die Generationenbetrachtung bedeutet das, dass insbesondere in den Jahrgangsstufen 1980 und später die Effekte von Menschen mit anderem kulturellen Hintergrund immer stärker durchdringen (vor allem in Westdeutschland bei weiterhin insgesamt abnehmenden Geburtenzahlen). Faktisch ist ein großer Teil dieser Mitmenschen deutscher Staatsbürger, auch wenn die kulturellen Wurzeln aus Südosteuropa, Russland, der Türkei oder Mesopotamien stammen. Auch diese Entwicklungen haben Einfluss auf intergenerative Einstellungsveränderungen: Nicht nur Digitalisierung, Globalisierung und Ypsilonisierung haben Deutschland offener und

---

[8] Ausführliche Literatur zur Zuwanderung nach Deutschland und deren langfristige, demografische Effekte u.a. Uwe Lebok, Die Auswirkungen von Außenwanderungen für die deutsche Bevölkerungsdynamik unter besonderer Berücksichtigung der Aussiedler, Acta Demographica 4, 1993; Klaus J. Bade, Michael Bomes, Heinz Faßmann et al., Einwanderungsgesellschaft 2010, SVR 2010; Klaus J. Bade, Peter C. Emmer, Leo Lucassen und Jochen Ottmer: The Encyclopedia of European Migration and Minorities. From the 17th Century to the Present, Cambridge 2011.

bunter gemacht, sondern auch die Zuwanderung und deren Kinder und Kindeskinder. Die Fußballnationalmannschaft ist ein sichtbarer Ausdruck des Wandels in Deutschland: Belarabi, Özil, Boateng, Can, Gündogan, Khedira, Aogo, Podolski u.v.a. - alle mit Wurzeln, die nicht nur in Deutschland liegen. Und alle 100% GenY.

Ein kleines deutsches Generationen-Einmaleins

„Geschichte ist eine Folge von Anpassungen an die Welt (...)"
Ian Morris (Britischer Archäologe)

Jede Generation ist ein Ergebnis der Vorgänger-Generation. Dennoch hat jede Generation ihre Eigenarten, die sich mit Abstrichen verallgemeinern lassen. Das Kaleidoskop der Generationen zeigt in jedem Fall eines: Deutschland verändert sich. Schleichend von Generation zu Generation, und nicht erst und ausschließlich durch die Generation Y. Im Jahre 1995 waren die Babyboomer die prägende Altersgruppe am Arbeitsmarkt, 2015 sind sie eine zahlenmäßig starke Bevölkerungsgruppe im oberen Alterssegment, während GenX das Gros der Erwerbspersonen stellt. Generation Y steht aktuell erst am Beginn des Berufslebens. 2030 wird GenY den Arbeitsmarkt absolut und relativ dominieren, während die zahlenmäßig stärkere GenX auf das Ende ihrer Berufskarriere zusteuert. In der Generation Babyboomer wird dagegen bereits ein größerer Teil nicht mehr am Leben sein (vgl. Abbildung 1).

Neben den „harten Fakten" der Demografie haben alle Generationen auch ihre eigenen Gesichter, Geschichten und Handschriften (vgl. Tabelle 1). Bevor wir uns auf das Lebensgefühl der Ypsiloner einlassen, sollen die Vorgängergenerationen im Schnelldurchlauf behandelt werden.

Abbildung 1+2: Generationen im Wandel

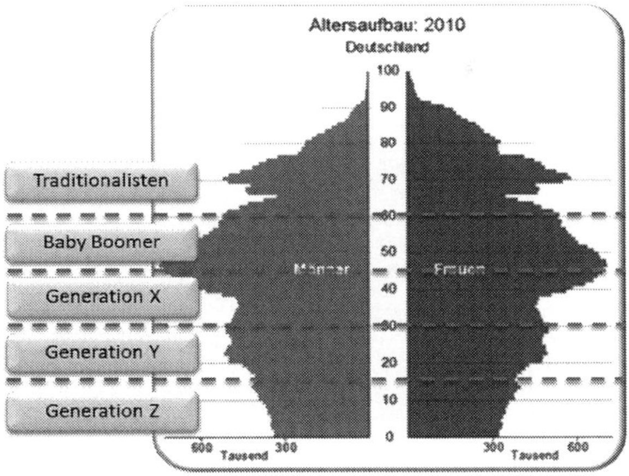

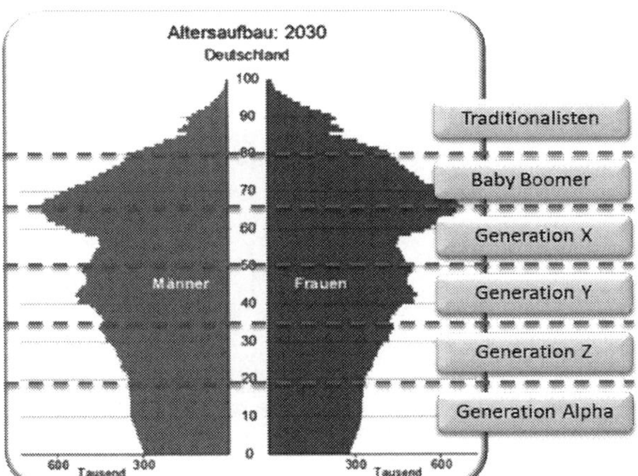

	Traditionalisten (ca. 1930-1949)	**Babyboomer (ca. 1950-1964)**
Altersgruppen (Stand 2016)	67 Jahre und älter	52-66 Jahre
Alternative Bezeichnungen	Skeptische Generation, „Lost Generation", Kriegsgeneration	68er Generation, Generation Jones
Prägende Jugend-phase	1940-1964	1960-1979
Filmikonen	Heinz Rühmann Doris Day	Marlon Brando Brigitte Bardot
Filme	Vom Winde verweht	Easy Rider
Musik	Volksmusik, Schlager	Woodstock, Rock, Peter Kraus
Werte	Fleiß und Disziplin, Pflicht und Ordnung, Gehorsam und Loyalität, Altruismus	Meinungsfreiheit, Team-work, Anpassungsfähig-keit und Tatkraft, Kon-sensorientierung und Optimismus
Jugend-Erlebnisse	Nazi-Diktatur, 2. Welt-krieg, Wiederaufbau	Wirtschaftswunder, Kuba-Krise, Vietnam-Krieg
Kommunikationsstile	Handgeschriebene Briefe	Schreibmaschine

GenX (ca. 1965-1979)	**GenY (ca. 1980-1994)**	**GenZ (ca. 1995-2010)**
37-51 Jahre	22-36 Jahre	21 Jahre und jünger
Generation Golf, Generation Me	Generation Maybe, Generation Why, Generation Praktikum, Millenials	Digital Natives, Generation Zombie (Smombie), Generation Zeitgeist, Generation DekadenZ
1975-1994	1990-2009	2005-2025
Clint Eastwood Sharon Stone	Hugh Jackman Cameron Diaz	YouTuber wie LeFloid, Dagi Bee, u.v.a.
Star Wars	Harry Potter	Tribute von Panem
(Post)Punk, Rap, Grunge	House, Dance, Atomisierung der Musikstile	Offen für alles
Unabhängigkeit/ Selbständigkeit, Null-Bock-Stimmung, Orientierungslosigkeit, Skepsis und Trotz	Selbstverwirklichung und Mitbestimmung (Egotaktik), Flexibilität und Fleiß, Gemeinschaft und Wertschätzung (Feedback)	Realismus/Pragmatismus, Spontaneität, Egozentrismus, Sicherheit, Genussorientierung
Aufrüstung, Tschernobyl, Deutsche Einheit	Europäische Einigung, Euro, Pisa-Studie, 9/11, Irak-Krieg	Eurokrise, IS, Kriegsflüchtlinge
PC	Internet	Smartphone

Tabelle 1: Generationen in Deutschland
In Anlehnung an Christian Scholz: Generation Z: Wie sie tickt, was sie verändert und warum sie uns alle ansteckt, Wiley, 2014, S. 30

Auch wenn die Traditionalisten immer noch ein wichtiges Konsumentenklientel darstellen, steht heute die Mehrheit nicht mehr im Arbeitsleben. Sie durchlebten die Kriegsjahre, wuchsen in einer Zeit mit klaren Verhaltensregeln, Disziplin, Gehorsam und autoritären Sozialstrukturen heran. Deutsch war das Maß aller Dinge und volkskundliche Traditionen wie gemeinsames Kuchenbacken, Volksliedgut, kirchliche Feste, etc. waren fest verankert. Der Rückgriff auf traditionelle Bräuche bot diesen Menschen, die Aufstieg, völlige Vernichtung sowie internationale Ächtung des Deutschnationalismus erlebt hatten, gerade in Zeiten des Mangels und des Wiederaufbaus Geborgenheit und Heimat. Auch wenn ihre gesellschaftsprägende Ära weitgehend vorüber ist, prägten sie in den Zeiten des Wirtschaftswunders die Kultur der Unternehmen mit zahlreichen Leitsätzen: *„Erst die Arbeit, dann das Vergnügen."* – *„Was du heute kannst besorgen, das verschiebe nicht auf morgen."* – *„Ohne Fleiß, kein Preis."* Für die Nachfolgegeneration lieferten sie mit ihren hierarchischen Denk- und Verhaltensstrukturen, ihrer Anpack-Mentalität und ihrem „Nur-nach-vorne"- und „Bloß-nicht-zurück"-Schauen den zentralen Anstoß für deren Selbstdefinition. Und für einen tiefgreifenden gesellschaftlichen Wandel.

Die nach dem Zweiten Weltkrieg geborenen Kinder der Traditionalisten erlebten bereits in ihren prägenden Jahren (Alter 10-15) die volle Kraft des Wirtschaftswunders. Den Deutschen ging es wieder besser, die Mangelphase wurde durch Vorratskauf und Überfluss kompensiert, der Volkswagen rollte über den Brenner und in den fetten Jahren erhielten die Nachkriegskinder viele Geschwister. Der Babyboom erfasste die junge Bundesrepublik. Bei steigendem Wohlstand, Vollerwerbstätigkeit und einer sich entwickelnden Bildungspolitik entstand in der Jugend der Babyboomer-Optimismus und es boten sich bislang nie dagewesene Möglichkeiten zur persönlichen Entfaltung: *„Du sollst es besser haben als wir"*, war ein häufiger Rat der Eltern. Mit der Bildungsexpansion und einer optimistischen Grundeinstellung im Rücken machte sich diese unmittelbare Nachkriegsgeneration auf den Weg, ihren Platz in Gesellschaft und Arbeitsmarkt zu suchen. Aufstiegsorientierung und die Lust auf Veränderungen führten in der Konsequenz zu dem dramatischen gesellschaftlichen Wandel, wie er in der Literatur mehrfach beschrieben ist[9]: Die dynamische und gestaltende Werthaltung der Babyboomer prallte frontal mit der konservativ-patriarchalischen Denkstruktur ihrer Eltern zusammen. Im Gegensatz zu ihnen waren die Werte der Babyboomer ausgerichtet auf Individualität, Meinungsfreiheit, gemeinnütziges Engagement und konsensorientierter (demokratischer) Kommunikationsstil.

Diese Werte wurden in Ansätzen auch von der nachfolgenden jüngeren Geschwister-Generation, der Generation X, übernommen. Nur folgte nach der optimistischen, blumenreichen „Revolution" gesellschaftliche Ernüchterung: Unsicherheiten bzgl. der eigenen Zukunft (Ölkrise, Waldsterben, Wettrüsten, Anstieg der Arbeitslosigkeit) und soziostrukturelle Veränderungen (Anstieg der Scheidungsraten, Risikogesellschaft[10] und Auflösung des klassischen Familienbilds) sorgten in der X-Jugend für ein Mix aus Orientierungslosigkeit, Skepsis und Zweifeln. Während Trotz und Unabhängigkeitswille der Protestbewegung neuen Auftrieb verschaffte, gehörte andererseits der Desktop-Computer bereits in der Jugendphase dieser Generation zum Alltag und das BWL-Studium begann sich als zukunftssichere Ausbildung zu etablieren. Über Musik, Kino und materielle Belohnung hat die Generation X in ge-

---

[9] Eine kleine Literatur-Auswahl zur "Handschrift" der Babyboomer: Martin Rupps: Wir Babyboomer. Die wahre Geschichte unseres Lebens, Herder, 2008; Bernhard von Becker: Babyboomer. Die Generation der Vielen, Suhrkamp, 2014; Martina Mangelsdorf: Von Babyboomer bis Generation Z. Der richtige Umgang mit unterschiedlichen Generationen im Unternehmen. Gabal, 2015

[10] Ulrich Beck: Die Risikogesellschaft. Auf dem Weg in eine andere Moderne, Suhrkamp, 1986.

fühlt unsicherer werdenden Zeiten nach Zerstreuung (Stichwort: Generation Golf) gesucht. Sie aber aufgrund einer fatalistischen Grundeinstellung und „Null-Bock-Mentalität" in ihrer Jugend als „Loser Generation" zu bezeichnen[11], geht unserer Meinung nach zu weit. Vielmehr war eine Grundhaltung verbreitet wie *„Du hast keine Chance, deshalb nutze sie!"*[12] – was letztlich auch dazu führte, dass mittlerweile zahlreiche GenX-Angehörige in Führungspositionen von Unternehmen angekommen sind. Alles in allem wurde diese Generation in einer Phase des Umbruchs groß: Vom kollektiven Demokratie-Ausleben der Babyboomer hin zum Individualismus der Millenials, von analog zu digital und global, von der kleinparzellierten Industriegesellschaft zur internationalen Informationsgesellschaft.

Auf X folgt nun Y - Die Kinder der Babyboomer und der frühen Generation X. In der Logik von Tabelle 1 und in der Chronologie der deutschen Generationen nur so viel: Grundsätzlicher Optimismus wie bei den Babyboomern ist genauso wenig verbreitet wie tendenzielles Schwarzsehen in der GenX. Vielmehr wussten sie von Anfang an von permanenten Bedrohungen „draußen in der Welt" (Ereignis Nr. 1: 9/11), erlebten aber gleichzeitig über die Omnipräsenz ihrer Helikopter-Eltern eine durchgehende Mitbestimmung, Förderung und Anerkennung als sog. „Trophy-Kids": (Fast) jedem Kind sein Pokal oder seine Auszeichnung, auf welche es persönlich stolz sein konnte. Der Value of Children stieg in einer Phase weiterhin abnehmender Kinderzahlen und der Tendenz zur Ein-Kind-Familie. Die Mischung aus ständigem Lob und dem

---

[11] U.a. Douglas Coupland, Generation X: Tales for an accelerated culture, St. Martin's 1991; Kerstin Bund, S. 103f

[12] Eine deutlich positivere Darstellung als Coupland liefert Simon Reynolds in: Rip It Up and Start Again, Faber & Faber, 2005. Nicht nur „Hinschmeißen" wird als Zeitgeist von GenX gesehen, sondern auch die kreative, mitunter „zornige" Neuentwicklung von Musikstilrichtungen im Zuge der Post-Punk-Ära der 1980er Jahre.

Bewusstsein, dass im Leben nichts geschenkt wird, beflügelte in einer Phase der Verschulung, Globalisierung und Digitalisierung Ehrgeiz und Leistungsstreben dieser Generation. Ausgleich liefern in einer immer schnelllebiger werdenden Zeit „Spaß-Momente", die in vollen Zügen genossen werden, und eine Grundhaltung, *„nicht alles mitmachen zu müssen"*, wenn *„es persönlich nichts bringt"* (Generation Why) oder nicht zur eigenen Selbstverwirklichung beiträgt (Egotaktik). Die vielen Entscheidungsmöglichkeiten in einer schrumpfenden Gesellschaft bei gleichzeitiger „Zuvielisation" an Option und Information machen es den Mitmenschen dieser Generation schwer, die „richtige" Entscheidung für sich zu treffen (Generation Maybe).

Häufig werden die Ypsiloner auch als Digital Natives bezeichnet. Tatsächlich gehörte in dieser Generation multimediale Kommunikation erstmals zum Alltag. In ihrer Jugend wurden Innovationen wie das Smartphone begeistert angenommen und generationenübergreifend etabliert. Erst die nachfolgende Generation Z (wie Zeitgeist oder Zombie oder DekadenZ) sind aber die eigentlichen Digital Natives[13]: Rein intuitiv erschließen sie sich bereits von Kindheit an die digitalen Welten von iPad & Co. Für sie ist Schule ein notwendiges Übel mit eingeschränkter Halbwertzeit (Wissen per Mausklick).

[13] Christian Scholz, Generation Z. Wie sie tickt, was sie verändert und warum sie uns alle ansteckt, Wiley 2014

Die Z-Kindheit wird psychologisch eher mit Druck und Stress erlebt als mit Spaß und Freiheit, was immer häufiger zu Überforderung und Flucht führt[14]. Der Ehrgeiz der Vorgängergeneration weicht einer pragmatischen Grundhaltung und dem Wunsch, das Bestmögliche für das eigene Leben herauszuholen: Gut ist das, was gut für mich ist. Egozentrismus folgt auf Egotaktik! Das in der Generation Y geprägte Motto YOLO (You only live once) wird von der jüngeren Geschwistergeneration nun tatsächlich in deren Lebensplanung angestrebt[15]. Der Wunsch nach Lebensgenuss, Wohlfühlen und Sicherheit im Privaten („Kuscheln") wiegt mehr als Leistungsstreben, Geld oder Wissen[16]. Ein einfach gutes Leben! Scholz (2014) spricht in diesem Zusammenhang von der „Dominanz der Simplizität": *„Weniger ist mehr"* oder *„weniger Arbeiten für mehr Geld"*. Und wer nicht mithalten kann gerät unter Generalverdacht der Lehrer und Eltern: ADHS ist die Volkskrankheit von GenZ.

Wie sich das für die Berufswelt auswirkt, lässt sich aktuell noch nicht vorhersagen.
Aber gehen wir einen Schritt zurück. Vieles, was Z betrifft, fing mit Y an...

---

[14] Die Sehnsucht nach Normalität und Geborgenheit in Familien ist insgesamt noch ausgeprägter als bei GenY („Kuschelkohorte"). Die Überforderung betrifft dabei auch die Eltern selbst (GenX und GenY als Mütter und Väter), die sich von Helikopter-Eltern hin zu „convenient parenting" entwickeln: Wunsch nach perfekten Kindern, aber weniger Bereitschaft, überproportional Zeit und Arbeit hineinzustecken (Brigitte Asari Bayer: Familien im Wandel, in: marke41, 4/2015, S.46)

[15] Laut Jugend Shell Studie 2015 erwarten die befragten 12-25 Jährigen von einer zufriedenstellenden Berufstätigkeit vor allem eigene Ideen einbringen zu können (Kreativität), sinnvolle Tätigkeiten (Sinnhaftigkeit) und die Verwirklichung von Freizeit (Lebensgenuss), vgl. Shell Holding (Hrsg.), Jugend 2015. Eine pragmatische Generation im Aufbruch, Fischer Verlag, 2015, S. 82

[16] U.a. äußert sich das im Niedergang der deutschen Sprache bei jungen Menschen im Zeitalter von SMS, RTL2, DSDS, „CU" (See you!) oder „Döner mit Scharf". Vgl. Andreas Hock, Bin ich denn der Einzige hier, wo Deutsch kann, riva Verlag, 2014

Das GenY-Gen: Einzigartig unscheinbar

„Das Geheimnis des Erfolgs? Anders sein als die anderen."
Woody Allen (Amerikanischer Regisseur und Schauspieler)

Wie schon für die Klassifizierung der Babyboomer gilt auch für das soziokulturelle Umfeld der GenY, dass es objektiv nicht „den" prototypischen Ypsiloner gibt. Auch diese Generation zeichnet sich durch Heterogenität aus. Laut Jugendforscher Klaus Hurrelmann gilt es auf Grundlage der 16. Shell Jugendstudie (2010) vier statistisch geclusterte Mentalitätstypen zu unterscheiden[17]:

1. Leistungselite der aufstiegsorientierten, selbstbewussten „Macherinnen und Macher": ca. 30% aller Ypsiloner
2. Pragmatische Idealisten mit Interesse/Engagement für Umwelt und Soziales, auch ca. 30%
3. Resignierte Skeptiker mit weniger Erfolg in Beruf und Ausbildung, aber dem Bestreben nach höherem Lebensstandard, ca. 20%
4. „Robuste Materialisten" mit dem Gefühl, dass die leistungsmäßigen und sozialen Kompetenzen für sozialen Aufstieg nicht ausreichen, ca. 20%.

Das Bild der gut ausgebildeten GenY wird vor allem über die beiden optimistisch eingestellten Cluster der Leistungselite und der pragmatischen Idealisten geprägt. Beide Mentalitäts-

---

[17] Klaus Hurrelmann und Erik Albrecht, Die heimlichen Revolutionäre. Wie die Generation Y unsere Welt verändert, Beltz 2014. Die Betrachtung der Jugend Shell Studie 2010 im Vergleich mit der Shell Studie 2015 macht vor allem deshalb Sinn, da in der Shell Studie 2010 die Mehrheit der Befragten Ypsiloner sind, während in der Studie 2015 die Mehrheit GenZ zuzuordnen ist: Von den 12-25Jährigen der Shell Studie 2015 sind nur die 21-25jährigen noch GenY (Geburtsjahrgänge 1990-1994) zuzuordnen.

typen verfügen über überdurchschnittlichere Abitur- und Studiumabschlussquoten als in der skeptisch oder sogar pessimistisch geprägten Verhaltensgruppe. Insbesondere die Gruppe der „robusten Materialisten“ wird soziologisch als der Gegenpol zum eher optimistisch, weltoffenen und aufstiegsorientierten Gen-Y-Gen behandelt; in dieser Minderheit führt ein Gefühlsmix aus Frustration, mangelhafter Kompetenz für einen gesellschaftlichen Aufstieg und Misstrauen auch zu Aggressivität, Gewalt und Fremdenfeindlichkeit.

Auch diese (junge) Bevölkerungsgruppe setzt „Bilder“ im Kopf des Lesers frei. Und auch diese Gruppe ist aktuell Realität in Deutschland. Brennende Asylbewerber-Unterkünfte, Revitalisierung nationalsozialistischer Sprachcodes *(„Rassenschande“, „Volksverräterin“* usw.) und dumpfe Heroisierung der christlich-abendländischen Kultur bei gleichzeitig nichtgelebter Religiosität sind aber für die Masse der GenY nicht der Wertekanon ihres Denkens und Tuns. Gerade im Zuge der neuesten Flüchtlingstragödie im Sommer 2015 setzten besonders viele Ypsiloner unaufdringlich und „einfach so“ ihre Akzente für eine Willkommenskultur in Deutschland. Sie (die Mehrheit der GenY) lebt unpatentiös genau diesen Gemeinsinn vor, teilt das mit Neuankömmlingen, was sie über ihre Kindheit von ihren Eltern an Zuspruch und positiven Erlebnissen mitbekommen hat[18]. Leise, ohne großes Brimborium, ohne politischen Trommelwirbel. Gutes tun und teilen. Und vielleicht ein Zeichen setzen.

---

[18] Dabei darf nicht übersehen werden, dass laut Jugend Shell Studie 2015 die Angst vor Terroranschlägen (73%) und Kriegen in Europa (62%) die mit Abstand größten Sorgen der Jugendlichen (mehrheitlich GenZ) und mit stärkster positiver Veränderung gegenüber der Shell Studie 2010 darstellen. Das Thema „Zuwanderung nach Deutschland“ hatte mit gerade einmal 29% vglw. niedrige Werte, was mit dem Erhebungszeitraum Januar bis März 2015 zusammenhängen dürfte. Eine Befragung im 4. Quartal 2015 hätte hier sicherlich zu anderen Resultaten geführt (Stichworte: unkontrollierte Zuwanderung, Integrationsprobleme, Überfremdung, Islamisierungsängste usw.)

Als die Ypsiloner Kinder waren...
Denn bereits in ihrer Kindheit hatten die Millenials viel Gutes erfahren. Vater und Mutter schwirrten als Helikopter-Eltern stets um sie herum. Bei rund 30% Kinderlosigkeit und nur rund 40% Mehr-Kind-Familien genoss das (eine) Kind maximale Aufmerksamkeit und Hinwendung. Jeder Entwicklungsschritt wurde per Kamera dokumentiert, jede Weiterentwicklung mit Stolz anderen Eltern auf dem Präsentierteller gezeigt. Im engen Familienkreis erlebten die Ypsiloner eine Kindheit, in der sie der uneingeschränkte Mittelpunkt waren. Sie durften schnell mitentscheiden. Bestimmen, was ins Kinderzimmer kam. Ihnen wurde eine nie dagewesene Vielfalt an Wahlmöglichkeiten und an Freizeitoptionen eingeräumt: Tenniscamp, Ballettschule, Frühförderung an der Violine, Surfschule für Kids, und noch dies und das. Vater und vor allem Mutter erlernten den Beruf des Kinder-Chauffeurs zwischen den vielen Terminen. Die GenY-Kinder begriffen früh: *„Alles ist möglich – du hast die Wahl!"* Aber sie lernten auch: Vieles im Leben – selbst die Freizeit – ist mit Stress verbunden. Es geht schnell zu im Leben. Schnell zu sein ist wichtig.

Dennoch gilt die Kindheit der Millenials gemeinhin als die friedlichste Phase im Deutschland des 20. Jahrhunderts und als diejenige, die frei von gesellschaftspolitischen Grabenkämpfen war. Insbesondere die 1990er Jahre. Keine Mauer. Kein kalter Krieg mehr. Kein „Frau gegen Mann" wie in Zeiten des Feminismus. Kein Familie oder Beruf – am besten gleich beides. Auch der Alltag soll Spaß machen! Die Verschmelzung von Arbeit und Beruf erfasste die ganze Gesellschaft, die Frauenerwerbsquote stieg in den 1990er Jahren kontinuierlich und für die Y-Kinder in Städten waren berufstätige Eltern Normalität. Normal bedeutet aber nicht unbedingt gewünscht. Vor allem der Anstieg von patchwork families, „Lebensabschnittspartnerschaften" und Manager-Nomadismus mit häufigen Abwesenheiten der Väter oder berufsbedingten

Umzügen vermittelten den heranwachsenden Ypsilonern auch eine Fragilität des vermeintlichen innerfamilialen Paradieses.

Trotz dieser latenten Verlustängste überwogen positive Stimmungen in der Y-Kindheit. Leben in Freiheit und allgemeiner Wohlstand war für die Mehrheit dieser Generation Selbstverständlichkeit. Soziale Verantwortung und Umweltbewusstsein wurde ihnen von ihren Eltern beigebracht. Die starke Kind-Zentrierung der Eltern befeuerte zudem eine Werthaltung in Richtung Mitbestimmung, Gleichstellung und eines anerzogenen Wunsches nach Selbstverwirklichung. Begleiterscheinungen dieser Erziehungsform waren ein eher informeller Umgangston und ein von den Eltern getriebenes Pushen der eigenen Individualität. Bei Problemen und Konflikten galt es: Viel miteinander reden, weniger Schimpfen und Ohrfeigen[19]! Ypsiloner durften Fehler machen. Über Fehler und Probleme wurde diskutiert. Und Probleme wurden oftmals gemeinsam gelöst. Es gab fast immer nur ein „Vorwärts“ und kaum ein Stehenbleiben. Jeder Schritt nach vorne wurde mit zusätzlichem Lob und gefühltem Applaus bedacht.

Als der Weg zum Ziel wurde

Konsequenzen davon waren ein unbändiger Leistungswille „weiter voranzukommen“, ein Ehrgeiz, um als „Trophy Kid“ auch im Erwachsenenalter das Gesicht wahren zu können und eine nahezu ständige Suche nach Lob, Wertschätzung und Anerkennung. Die führt aber in gewisser Weise auch zu einem Konformitätsdruck: Auffällig ist vor allem, wer negativ und unerfolgreich heraussticht. Survival of the Fittest: Nicht

[19] Laut Generationenbarometer 2009 fiel die Ohrfeige als elterliche Maßnahme – wenn ich als Kind etwas angestellt habe - in der GenY auf 23% (gegenüber noch 46% bei Babyboomer), während gleichzeitig „darüber reden“ bei 67% der Ypsiloner erlebt wurde (gegenüber 54% in GenX und nur 43% bei den Babyboomer).

zu den „Leistungsverlierern“ gehören[20], sondern deutlich besser als der Durchschnitt sein, am besten zur Leistungsspitze gehören. Die Ypsiloner wollen zu den Guten zählen. Und zu den Erfolgreichen – aber nicht um jeden Preis.

Bei den Ypsilonern ist von Kindheit an der Weg das Ziel: Ewiges Lernen, stetes Vorankommen und kontinuierliches Optimieren der eigenen (aktuellen) Lebenssituation prägen eine Lebensauffassung voller Dynamik, Abwechslung und Ungeduld. Die eingeimpfte „Trophy-Kid“-Denkweise setzt sich dabei meistens vom Vorschulalter, über die Grundschule und nach dem Abitur bis in das Berufsleben fort. Einser-Abi, Auslandsaufenthalte in den USA, perfektes Studium u.ä. verleiten mitunter zu einer naiven Grundeinstellung und Überschätzung bei Berufseinstieg oder Berufswechsel: *„Ich zeige euch mal, wie es geht!“* – Niemals böse gemeint, aber stets aus den Erfahrungen der bisherigen Biographie voller Erfolg, Lob und ständiger Anerkennung gespeist.

Die frühe Integration der Ypsiloner in familiäre Entscheidungsprozesse führte ferner dazu, dass sie auch nach ihrer Kindheit viel Wert auf Transparenz, Vergemeinschaftung und Entscheidungen auf gleicher Augenhöhe legen. Die Berufsorientierung der Eltern führte aber auch zu häufigeren Umzügen und bei vielen Ypsilonern hielten nicht alle elterlichen Ehen: All das förderte bei GenY eine grundsätzlich positive Einstellung gegenüber Flexibilität, Offenheit und Dynamik im Leben oder in manchen Lebensabschnitten: *„Was heute ist, kann morgen schon wieder anders sein!“*

---

[20] Vgl. Hurrelmann und Albrecht, 2014, S. 52ff.

Die zeitgleich stattfindende Globalisierung und Digitalisierung waren epochale Begleiterscheinungen, die diese bereits in Kindheit und Jugend erlernte Haltung nur noch intensivierten. Offenheit und Flexibilität geht über alles in einer sich ständig wandelnden Zeit.

Die Familie war für die Ypsiloner aber der zentrale Rückzugsort bei Schwierigkeiten, der Hort der Geborgenheit. In der Familie wurden, einem Mikrokosmos gleich, traditionelle Werte in der Kindheit gepflegt und mit dem Größerwerden dem Zeitgeist angepasst. Die Großeltern waren Teil der Familienkultur, aber auch die besten Freunde der Eltern oder Lebensabschnittsfreundschaften der Ypsiloner selbst und deren Eltern. Die Familie bot Heimat. Das Gefühl familialer Geborgenheit wollen die Ypsiloner auch gern an ihre Kinder weitergeben. Nur eben etwas anders, zeitgemäßer, moderner: Märchen werden immer noch gern weitererzählt und um neue Märchen wie Harry Potter, Kleiner Hobbit oder Superman ergänzt. Dagegen werden Volkslieder, gelebte Bräuche und Dialekte weiter vergessen zugunsten kommerzialisierter Volkstum-Events à la Weihnachten, Ostern, Halloween und Oktoberfest.

In einer Zeit mit expandierender Informationsflut, einer immer schnelleren Taktung von Informationseinheiten und einer global offenen Denkweise i.S. *„Anything goes!"* wirken tradierte Normen und Regeln wie archaische Konstrukte aus einer weit, weit zurückliegenden Vergangenheit. Feste Regeln wie zeitgebundenes gemeinsames Essen verschwimmen ebenso wie religiöse Traditionen, gesellschaftliche Normen (*„So macht man das eben"*) und diverse zwischenmenschliche Codes (Höflichkeitsverhalten, Begrüßungsrituale, usw.). Das gemeinsame Frühstück beispielsweise wich einer to-go-Kultur, in der sich jedes Mitglied eines Haushaltes nimmt, was und wann es ihm beliebt. Nur am Wochenende und an als besonders wertschätzend empfundenen Tagen (Geburtstage,

Weihnachten, Anlässe zum Feiern) wird ein Frühstück wie ein Event zelebriert und gelebt. Weniger Ausdruck einer Regel zum gemeinsamen Start in den Morgen, als vielmehr intensiv erlebtes, nostalgisches Momentum einer psychologischen Sehnsucht nach Miteinander und Geborgenheit!

Immer positiv auffallen!

Um die Jahrtausendwende wurden diese schönen Momente der Kindheit durch 9/11, die nachfolgenden Kriege der „Allianz" gegen die „Schurkenstaaten" sowie diverser Wirtschaftskrisen aufgerüttelt. Auch der „Reformstau" der Kohl-Ära nach den Jubeljahren der Deutschen Einheit machte den Nachfolgeregierungen zu schaffen. PISA und Hartz-IV wurden zu zentralen Leitsternen der jugendlichen Millenials. Die große Bildungsnation Deutschland schien international abgehängt zu sein. Zu schlecht in Mathematik & Co., zu lange Ausbildungszeiten! Aus dem neunjährigen Gymnasium wurde G8, aus vereinheitlichten Diplomstudiengängen Bachelor und Master mit zwar immer stärker individualisierten, aber auch immer weniger selbsterklärenden Bezeichnungen der Studiengänge. Jugend wurde verschult. Geplant, weniger spontan. Freiräume und Experimentierfelder wurden seltener. „Ein sich treiben lassen" geht nur mittels eines bewussten Ausbruchs. Das ist aber immerhin eine Wahlmöglichkeit, die die Ypsiloner haben.

Aber zunächst ist da ein von Kindheit gelernter Ehrgeiz. Mit GenY wurde ein gelerntes (schulbuchmäßiges) Einstellungsmuster zum akzeptierten Mainstream. Deutlich ausgeprägter als bei den älteren Geschwistern aus GenX: Schule, Ausbildung, Karriere. Wer „gut" ist, fällt nicht negativ auf. Wer gute Noten schreibt, hat (vermeintlich) mehr Auswahl im weiteren Leben. Wer positiv auftritt, wird auch positiver erlebt. Schneller, besser, schöner. In allen Lebenslagen hübsch, attraktiv und positiv auffallend zu sein und damit den Zeitgeisterwartungen einer perfekten Frau oder eines perfekten Mannes zu entsprechen, wird durch Ypsilon gesellschaftstauglich. Die dekorative Kosmetik boomt weiter – nicht nur bei den Best Agern (also den Babyboomern, die weiter fit und attraktiv erlebt werden wollen), sondern auch bei den nachwachsenden Erwachsenen. Die Generation „Germany's Next Top Model" möchte nicht nur leistungsstark sein, sondern auch einen „geilen Auftritt" haben. Nicht nur einmal am Tag, sondern im Idealfall dauernd.

Das stete „Nicht-negativ-auffallen-wollen" birgt psychologisch allerdings etwas Krampfhaftes im Verhalten: Immer nur optimistisch nach vorne zu schauen, allen Hürden des Lebens ein Lächeln entgegensetzen zu wollen (oder zu müssen?), immer möglichst perfekt in der eigenen Lebensgestaltung für sich und auf andere zu wirken, baut in der Generation Y dauernden Leistungsdruck auf. Ein getriebener Drang zu Individualismus und Zurschaustellung der eigenen Persönlichkeit.

Kleine Facetten zahlen als individuelle Duftnoten auf das ICH im Wir ein: Eine bewundernswerte Präsentation in akzentfreiem Englisch, eine neue Frisur, ein Schrei der Verzückung nach modischem Chic, ein individuelles Tattoo. In keiner Generation erlebten Piercings und Tattoos eine solche „Marktdurchdringung". Wer kein Tattoo hat, fällt an manchen In-Locations und Badestränden auf wie ein Alien aus einer anderen Galaxie! Auch erlebte die Gesellschaft durch GenY ein nie dagewesenes Investment in Training extrovertierter Kompetenzen. Alles, was körperliche und psychische Fitness unterstützt, verhilft zu positivem Auftritt. Eine Y-Frau will nicht nur als Frau erfolgreich im Beruf sein, sondern auch als Ehefrau und Mutter. Gut aussehend und fit – in allen Lebenslagen und Rollen. Und auch beim Mann bewegt sich vieles durch Ypsilon: Der Run in die Fitness-Studios seit der Jahrtausendwende und der allmähliche (und leise) Anstieg einer Men's Health. GenY definiert den „neuen Mann".

Seit GenY hat sich auch die Auffassung von „Coolness" deutlich gewandelt. Zu Zeiten der Jugend von GenX waren Menschen dann cool, wenn sie ihr eigenes Ding durchzogen – ganz gleich mit welchem Widerstand oder auch mit welchen Niederlagen zu rechnen war. Wie Clint Eastwood durch den Wüstenstaub! Über Psychodrama-Studien konnten wir bereits 2005 für Millenials feststellen, wie sich damals 16-18jährige Menschen verhielten, um „cool" nach außen zu wirken[21]: Negativ aufzufallen, wäre uncool. Das eigene Ding zu drehen, warum? Und etwas ganz Eigenes oder gar Abgefahrenes zu tun, könnte das Auslachen oder die Kritik der anderen (Gleichaltrigen) heraufbeschwören. Ein kurzes Ausscheren i.S.v. „Spaß zu haben" ist aber legitim. Das macht den besonderen Reiz des geregelten Lebens aus. Emotionale Kicks wie Bungee-Sprünge, individuelle Einzelsportarten, aber auch „einmalige" Party-Ausbrüche sind Highlights eines eigentlich wenig individualisierten Lebens. Tattoo you!

Spaß ja, aber alles dem eigenen Vorankommen untergeordnet. Auch das Vorwärts kann ja im Grunde genommen Spaß machen. Egotaktik und eine gehörige Portion Opportunismus prägen eine ganze Generation in ihrem Handeln und Tun: What's in for me? Die Frage nach dem Warum? Und wozu? hat den Ypsilonern auch den Beinamen der „Generation Why" eingebracht. Hinterfragen, Feedback einholen, nach besseren Optionen (für sich) suchen. Das gilt für die positiv eingestellten und leistungsbereiten Ypsiloner, aber auch für die jüngeren Brüder und Schwestern der genuss- und diskussionsfreudigen GenZ ebenso.

---

[21] Manfred Zerzer und Uwe Lebok, Entfesselte Jugend: Markenführung für die Spaßgesellschaft, in: Research & Results, 2005, Heft 4, S. 36f.

Aus all ihren Erfahrungen während Kindheit, Schulzeit und erlebter Zeitgeschichte lassen sich Eigenschaften für das Gros der Ypsiloner entwerfen. Der GenY ging es in der Kindheit mehrheitlich gut – so gut wie noch nie. Sie erlebte viel Zuspruch, viel Förderung und eine Ausdifferenzierung ihrer Freizeitoptionen. Als Folge davon sind sie tendenziell anspruchsvoll und hegen hohe Erwartungen an sich und an die Umwelt. Sie werden von zahlreichen Autoren als geltungsbedürftig und mitteilsam umschrieben: Alles erstmal diskutieren wollen, Konsens finden, aber auch schnell mit Meinungen aufwarten. Push the „I like it"-Button! Aufgrund der angelernten Egotaktik gelten sie als kompromisslos für die eigene Sache, aber auch als ungeduldig, wenn es für sie in der Vorwärtsbewegung zu langsam geht.

Mobilität ist dieser technikaffinen Generation überhaupt kein Fremdwort, da sie die Globalisierung vollständig erfasst hat. Schnelle „Freunde" lassen sich in einer vernetzten Welt problemlos finden. Ihre Kindheitserinnerungen haben ihnen aber auch gelehrt, dass Harmonie und ein elterlicher Rundumschutz eine Airbag-Funktion in einer immer turbulenter werdenden Welt haben. Das Gute aus der Kindheit in die eigene Familie übertragen – nur noch etwas besser. Das persönliche Streben nach Glück treibt sie an. Glücklich zu sein in einem vollendeten Leben bedeutet, eigene Lebensziele erreicht zu haben. Familie ist gedanklich immer ein Teil davon.

Die Weltoffenheit und Unvoreingenommenheit der Ypsiloner macht sie bei Begegnungen mit Mitmenschen so eindrucksvoll sympathisch: Deutsches Sommermärchen 2006, Public Viewing, Occupy, Flüchtlingshilfe 2015. Ihre Flexibilität ist Grundlage für gesellschaftliche und kulturelle Veränderungen. Wenn der Beruf nicht das erfüllt, was erwartet wird, dann wird etwas anderes versucht. Wenn sich persönliche Lebensziele beruflich nicht erfolgreich umsetzen lassen, dann gibt es Alternativen. Kein bedingungsloses Festhalten mehr.

Kein unbedingtes arbeiten müssen. Entweder woanders oder gleich zu Hause. Familie als Option. Home Office. Der Nachteil von Offenheit und eingebauter Flexibilität: Zu offene Lebensläufe, völlige Freiheit, weniger Struktur. Je offener und unstrukturierter ein Lebenslauf ist, desto größer werden aber auch die Gefahren, es nicht zu schaffen[22].

Was haben die Millenials bislang bewegt?
Welchen Stempel haben sie als Zeitzeugen der Gesellschaft aufgedrückt? Viel wurde hierzu bereits von anderen Autoren geschrieben. Mitunter auch kontrovers. Und da GenY „mitten im Leben" steht, folglich in der Mitte ihres Lebens, ist noch nicht alles in der Gänze absehbar. Eines steht aber schon jetzt fest: Ihre Jugend ist auch schon abgelaufen! Zwar wird der Begriff „Jugend" soziologisch immer dehnbarer, will jeder gesellschaftsaktive Erwachsene möglichst lange als „jung & sexy" wahrgenommen werden, doch ist die markante Lebensphase der „jugendlichen Selbstfindung" in den Altersgruppen 10 bis 20 auch für GenY Vergangenheit: Auch GenY wurde „älter". Erwachsen.

Und was hat ihre Jugend der „Nachwelt" hinterlassen?
Keine Revolutionen und Paukenschläge. Keine markanten Umbrüche wie 1968, kein Schuss in den Kopf wie bei Kurt Cobain als radikaler Endpunkt der Jugendphase von GenX. Die Jugend von GenY verlief eher unauffällig, viel mehr miteinander als „gegeneinander". Das Sommermärchen 2006 und die neue Public Viewing-„Volkskultur" prägte ein neues Deutschlandbild über die Grenzen Deutschlands hinaus: Der „Deutsche" wurde (erstmals!) locker, weltoffen, begeisternd und eben unpatentiös erlebt. Und das vor allem durch GenY!

---

[22] Klaus Hurrelmann et al., 2014, S.35

Kein Rudi Dutschke, keine Mahner mit erhobenem Zeigefinger und keine Führungsgestalten, die zum kollektiven Feiern aufgerufen hatten. Die GenY-Emanzipation ihrer Jugend verlief einzigartig, aber auch unscheinbar. Ein gegenseitiges Akzeptieren, *„wie wir halt sind“*[23]. Ypsiloner hinterließen über ihre Aktivitäten Spuren in der Gesellschaft. Im Wir. Aber stets auch selbstwirksam: ICH war dabei! Mir hat es Spaß gemacht. Ich hatte meinen Beitrag für uns geleistet.

Nicht alles war in der Y-Jugend gesellschaftlich zielführend und von Dauer: Piratenpartei. Occupy-Bewegung. Trendsportarten – zumindest für eine Generation. Mit Ypsilon wurde aber alles aufgrund der Digitalisierung notgedrungen noch schneller, transparenter, öffentlicher: Schnell lässt sich über etwas diskutieren oder posten. Keine Generation war bislang über ihre Kindheit und Jugend so stark darin, den Finger präzise auf gesellschaftliche Probleme zu legen wie Generation Why. Für Lösungen und konkrete Alternativen hat ihnen in ihrer „Jugend“ bislang der visionäre Überbau gefehlt. Was für die Arbeitswelten noch zu zeigen ist.

---

[23] Ursula Kosser, Ohne uns. Die Generation Y und ihre Absage an das Leistungsdenken, DuMont 2014, S. 16.

Wir-Menschen: Mitfühlen in einer haltlosen Zeit

Gut ist, wer anderen Gutes erweist."
Jean de La Bruyére (1645-1696, Die Charaktere)

Die Y-Jugend ging schnell und „gut verschult" vorüber. Auch Gen Why wurde nach zumeist glücklicher Kindheit und Jugend erwachsen. Und mit fortschreitender demografischer Alterung wird Ypsilon immer wichtiger für die allgegenwärtige Gesellschaftskultur. Ihre Erfahrungen und Erlebnisse aus Kindheit und Jugend prägen dabei grundlegend ihr Verhalten in der Arbeitswelt und in ihrem sozialen Miteinander. Da für sie gesellschaftspolitische Konfrontationen ebenso eher die Ausnahme als die Regel darstellten und sich ihre Kindheit überwiegend durch Verständnis, Miteinander, konstruktives Feedback und individuelle Förderung kennzeichnen lässt, gab es für sie in ihrer jungen Vergangenheit kein Jung gegen Alt, Rot gegen Schwarz, kein Frau gegen Mann, keine Grenzen. Vielmehr eine Haltung in Richtung „Grenzen überwinden helfen". Weniger Konfrontation als Ausgleich. Ein konstruktiver Harmonismus.

Ypsilon und die Älteren

Ypsiloner haben deshalb auch selten Vorbehalte gegenüber älteren Generationen. Trotz digitaler Eingeschränktheit der „Älteren", trotz absehbar abnehmender Fitness der vorausgegangenen Generationen. Sie haben aber sehr wohl Probleme mit negativer Kritik an ihrer eigenen Person oder pauschal an Einstellungen ihrer offen-flexiblen Haltung durch GenX oder Babyboomer. Sie wollen keinem etwas Böses, sind aber, wie sie sind und suchen für sich selbst stets die vermeintlich beste Lösung. Auch wenn das schizophren wirken mag: Zwar wollen sie einesteils „Gutes" für die Allgemeinheit, die Entscheidungen treffen sie aber häufig aus dem eigenen Ego heraus. Gut dastehen wollen. Ich-Bezogenheit wird ihnen deshalb nicht selten von anderen Generationen im Berufs- und Arbeitsleben unterstellt. Denn das große Ganze muss für sie nicht mehr zwingend und krampfhaft im Vordergrund stehen. Insbesondere dann, wenn es der eigenen Weiterentwicklung schadet.

Während Gen Why relativ frei mit der Auslegung von Normen, Regeln und langfristigen Planungen umgeht, wirken sie deutlich „unfreier“ in ihrem gesellschaftlichen Auftreten. Immer gut drauf zu sein, tendenziell kaum Fehler zu machen, stets positiv zu wirken, hat auch etwas Schablonenhaftes an sich. Immer alles im Griff haben zu müssen. Wie eine konsensfähige Gesellschaftsmaske. Die eigene Persönlichkeit mit ihren vermeintlichen Tiefen und Schattenseiten wird zugunsten eines glattgebügelten Positiv-Ideals zurückgestellt. Trophy-Kids waren immer Champions. Auch im Erwachsenalter kann es eigentlich keine Niederlagen geben. Alles wird immer gut! Und fällt ein Mitglied der GenY dennoch mal hin – und auf den Boden der Tatsachen -, dann steht es eben wieder auf. Versucht, sich möglichst schnell körperlich und psychisch wieder in den Griff zu bekommen. Der Weg hatte eben nicht funktioniert. Dann eben andere Türen öffnen. Alles geht. Am besten mit einem Lächeln im Gesicht. Und falls dann doch Tränen? Dann gibt es den „inneren Kreis“, die engsten Vertrauten, die wirklich besten (realen) Freundinnen und Freunde. Oder die dauerhaften Lebensberater, die „gelben Engel“ der Generation Maybe: die eigenen Eltern.

In der eigenen Kindheit wurde Familiarität erlebt und gelebt. Die Eltern waren stets da, wenn sie gebraucht wurden. Sie dienten den Millenials als Rückzugsbastion im Hinblick auf die Anforderungen des Alltags. Bei Problemen hatten sie stets ein offenes Ohr und halfen bei der Findung wesentlicher Entscheidungen. Eltern als Berater in allen Lebenslagen – auch im Erwachsenenalter. Bei so viel Verständnis fiel es vielen Ypsilonern besonders schwer, sich vom Elternhaus zu lösen.

Im europäischen Vergleich lebten 2008 mehr als 40% der 18-34jährigen Deutschen noch im Elternhaus[24]. Gerade wegen der unzähligen Möglichkeiten einer globalisierten Digitalwelt und der gleichzeitig bestehenden Unsicherheiten schenkt das Elternhaus nicht nur nostalgische Geborgenheit. Vielmehr wirkt das Elternhaus wie ein Bollwerk an Sicherheit und bietet „Heimat". Kein geografischer Raum, sondern ein psychologischer Sehnsuchtsort: *Home is where the heart is*. Mit vielen Kindheitserinnerungen. Was gern auch an die eigenen Kinder weitergegeben wird: Teilbare Erlebnisse mit den Großeltern.

We're all just friends

Auch Freunde und Freundinnen sind für GenY ein zentraler Stabilitätsanker. Gegenüber anderen Generationen hat sich dabei nicht so viel verändert: Ca. 4-5 enge Freunde bilden den engeren Kreis, während eine locker vernetzte Gruppe als erweiterter Freundes- oder Bekanntenkreis definiert wird. Neu ist vielmehr seit Ypsilon, dass neben klassischen realen Freunden und Bekannten eine große Zahl virtueller „friends" hinzugekommen ist - unzählige projekt- und interessenspezifische Nutzfreundschaften mit zumeist geringfügiger zwischenmenschlicher Tiefe.

GenY (plus ihre nachfolgenden Geschwister aus GenZ) leben Internet. Für sie ist es Teil des Lebensalltags, wird immer mehr auch Kochbuch, Lexikon, Tagesplaner und Einkaufshilfe. Online-Kauf von Lebensmitteln beginnt sich über GenY (und deutlich stärker über die Digital Natives der GenZ) als Alternative zum stationären Einkaufen zu etablieren. Mitunter geht Kommunikation über SMS, Email, WhatsApp u.a. Online-Kanäle einfacher, als sich face-to-face mitzuteilen. Unbegrenzte Möglichkeiten, überall schnell dabei zu sein, sich stets aufs Neue zu vernetzen und sich öffentlich im digitalen Raum

[24] Marta Choroszewicz and Pascal Wolff, 51 million young EU adults lived with their parent(s) in 2008, eurostat – Statistics in focus 50/2010.

mitzuteilen, ist ihr „täglich Brot". Das Internet ist ein El Dorado für neue „Freunde" mit vermeintlich vergleichbaren Interessen – aber auch ohne Verbindlichkeiten und Verpflichtungen. Keine Rituale, keine Absprachen, kein Aufeinander-Rücksicht-Nehmen - wie in sozialen Beziehungen. Generation Maybe und ihre jüngeren Geschwister aus GenZ lieben die Grenzenlosigkeit digitaler Welten!

Das Internet ist für sie eine soziale Bühne mit doppelter Funktion: Einmal liefert sie unbegrenzte Möglichkeiten, um in der globalen Anonymität Erfahrungen, Eindrücke und voyeuristische Erkenntnisse zu sammeln. Zum anderen bietet das Internet auch einen perfekten Rahmen, um sich selbst möglichst positiv zu inszenieren. Im Gegensatz zur realen Welt kann über diverse Online-Portale widerspruchsfrei ein Abbild des eigenen Ichs aufgezeichnet werden – ohne Ecken, ohne Kanten! Ein „echter" Freund, eine wirkliche Freundin könnte den Finger auf manche Übertreibung oder Unwahrheit legen. Nicht aber im Internet. Nur die individuellen Schokoladenseiten, die besten Porträts, die aufmerksamkeitsstärksten Aufnahmen. Alles, was ein Millenial für seine Selbstwirksamkeit braucht! Ich rede gut über mich, damit andere auch gut über mich reden können. In der Literatur auch als „Pippi Langstrumpf-Effekt" beschrieben[25]: Ich baue mir die Welt, wie sie mir gefällt!

Zudem bieten die digitalen Welten Räume zum Abschalten, Abtauchen, Zerstreuen. Das Internet ist quasi ein digitales „Otherland[26]" zur realen Welt. Rein funktional erlaubt online vieles, was auch offline möglich ist, nur einfacher und schnel-

[25] Christine Werner und Carola Kupfer: Das Pippilotta-Prinzip, 2006, Campus Verlag.

[26] Frei nach der Romantrilogie „Otherland" von Tad Williams (2005): Auf der einen Seite bieten digitale Welten transzendente Scheinwelten, auf der anderen Seite verhelfen sie zu unsterblicher Schönheit und Selbstwirksamkeit außerhalb eines endlichen Menschenlebens.

ler: Einkaufen, Buchen, Bezahlen, Informieren. Mental erlaubt das Internet eine Vermischung realer Wunschträume mit virtuellen Umsetzungen. Ein optimierteres Selbstbild als in Wirklichkeit. Aber auch: Die Suche nach schöneren Erlebnissen und Menschen – schöner, als es die Realität bieten könnte. Online ist viel mehr möglich: Porno wird (anonym!) alltagstauglich, sexuelle Fantasien erlebbar, Cybersex als Alternative zu emotional komplizierteren Paarbeziehungen. Die Ansprüche steigen dabei weiterhin: Noch schönere Menschen, noch einfühlsamer, noch besser im Bett, noch perfekter! Kein Wunder, warum die Partnerportale unterschiedlichster Coleur einen ungebrochenen Run erleben: Die sehnsüchtige Suche nach den „besten" Partnerinnen oder Lebensabschnittspartnern. Für mich[27].

Da die Millenials stets nach dem „Besten" streben - für sich und für andere - ist das Internet nicht nur eine wunderbare Plattform der eigenen Selbstverwirklichung *(„Das, was ich schon immer einmal sein wollte")*, sondern auch der sozialen Auseinandersetzung mit Dingen, die „die Welt bewegen". Und was nicht der gängigen Moral entspricht, kann öffentlich geächtet werden: Shitstorm und Cybermobbing sind Spielregeln, die GenY beherrscht wie keine andere Altersgruppe bislang. Wer sich nicht „gut" verhält im sozialen Miteinander, also außerhalb der Anonymität, der kann auch öffentlich bestraft werden. Heute müssen keine Hexen mehr auf dem Scheiterhaufen verbrannt werden! Das geht subtiler und breitenwirksamer im Zeitalter von „always on". Ein Fehlverhalten, ein falscher Kommentar, ein „Brüderle"-Witz eines alternden, lüstern wirkenden Politikers... Sofort erfolgt die Retourkutsche. Aufmerksamkeitsstark, für jeden als #hashtag sichtbar, mit vielen Tausenden anderen („friends"?) teilbar.

---

[27] Nicht von ungefähr nutzt das Partnerschaftsportal FriendScout im Jahre 2015 den Claim: Love Your Imperfection! Auch wenn du nicht ganz perfekt bist, suche für dich die möglichst perfekte Lösung in der Partnerschaft!

Am Pranger im Mittelalter erlitten Schuldige sicherlich mehr physische Schmerzen; heute aber sind die Folgen psychisch langfristiger.

Zerreißen langjährige Freundschaften oder Beziehungen, bietet das Internet zudem hochemotionale Kanäle, das Leid mit anderen teilen zu können. Sind mehr auf meiner Seite, wird der Schmerz erträglicher. Ich bin nicht allein! Das verstärkt gewissermaßen das empfundene Miteinander, das Sharing, das We-Feeling: Wir alle sind mit dir. Zumindest virtuell bei dir. Ausschließlich virtuell. Tatsächlich ist der oder die Betroffene allein. Allein mit dem Smartphone.

Sicherheitsgarantien fürs Leben
Bei aller globalen Offenheit sucht GenY Sicherheit für das eigene Leben, auch wenn das moderne Leben unzählige Möglichkeiten der persönlichen Lebensgestaltung bietet. Auch für die Karriereplanung sind mehrere Optionen für die Millenials Normalität. Die „große Offenheit" birgt aber auch Unsicherheiten: Nicht jeder Weg führt zum erwünschten Ziel, Globalität heißt auch Ruhelosigkeit, Multichannel bedeutet auch Stress bei immer weniger Zeit haben, viele Optionen erschweren die Entscheidung. Am liebsten würden sie die gelernte „Airbag-Funktion" der Eltern für „die" wesentlichen Entscheidungen im Leben auch im weiteren Leben nutzen. Sicherheitsgarantien für ihre Entscheidungen. Alles wollen sie ja für sich „irgendwie im Griff haben". Nicht außer Kontrolle geraten. Nicht steuerbare Veränderungen führen dagegen bei GenY zu verhältnismäßig größeren Verlustängsten: *„Was passiert nur, wenn..."* Was Unsicherheiten minimiert, verschafft mentale Entlastung.

Eine Sicherheitsbank für die Millenials liefern Partnerbeziehungen und Familie. „Cocooning" ist im Gegensatz zu GenX und den Babyboomern kein Schreckgespenst mehr, sondern durchaus eine Option bei all den Unsicherheiten und Unwägbarkeiten der schnelllebigen Zeit. Der Wunsch, sich in die eigenen vier Wände – ins Schneckenhaus - zurückziehen zu können, um sich dort über Verständnis, Liebe und Trost zu regenerieren, hat ihnen mitunter den Beinamen „Kuschelkohorte" eingebracht. Im Vergleich zu den älteren Generationen sicherlich richtig: Je stärker der Anpassungsdruck, je größer der Ehrgeiz, je vielseitiger die Möglichkeiten, desto stärker erwächst daraus auch die Sehnsucht, sich „fallen lassen zu können". Lieb zueinander sein. Kuscheln. Dieser Trend scheint sich bei GenZ sogar noch weiter zu verstärken[28].

71% der Y-Männer und sogar 81% der Y-Frauen waren 2010 überzeugt, ohne eine Familie könne man heute in der Gesellschaft nicht glücklich sein[29]. Familie und „Familie leben" ist bei GenY „in". Dementsprechend ist der Kinderwunsch bei den Millenials gegenüber GenX angestiegen[30]. Doch liegen Wunsch und Wirklichkeit oftmals deutlich auseinander. Denn keine Generation hat bislang so wenige Kinder wie GenY! Auch wenn die generative Phase der Millenials noch nicht abgeschlossen ist, deutet vieles darauf hin, dass ihre Kohor-

---

[28] Laut Shell Studie 2015 sieht die nachwachsende Generation (Alter 12-25) vor allem bei „Kinder und Familie" gesellschaftlichen Nachholbedarf (55%), gefolgt von Bildung (46%) und soziale Sicherung (42%). Zudem stieg die Priorität der inneren Sicherheit gegenüber 9% im Jahre 2006 auf bereits 24%. Aufgrund der guten Arbeitsmarktlage in 2015 fiel das Thema Arbeitsmarkt in der Priorität auf nur noch 37% zurück (gegenüber 78% in 2006 bei GenY!), a.a.O., S. 171

[29] Shell Holding 2015, S. 57. Nach Ergebnissen der Shell Studie 2015 ging diese Einschätzung bereits wieder zurück: 70% der weiblichen und nur noch 57% der männlichen 12-25 Jährigen brauchen demnach eine Familie, um glücklich zu sein. Ich bin mir selbst genug! – erste Auswirkungen der Zentrification durch GenZ.

[30] Trotz etwas höherer Kinderwunschzahlen werden dennoch nicht mehr Kinder realisiert wie in den Generationen zuvor. Im europäischen Vergleich liegt Deutschland weiterhin am Ende der Skala in der Umsetzung von Fertilitätswunsch und –wirklichkeit. Ausführlich hierzu: Joshua Goldstein, Wolfgang Lutz & Maria Rita Testa, The emergence of sub-replacement family size ideals in Europe, in: Population Research & Policy Review 22: S. 479ff, 2003.

tenfertilität nicht diejenige der Vorgängergenerationen übertreffen wird. Obwohl der Kinderwunsch prinzipiell angestiegen ist. Für dieses „Gap“ zwischen Wunsch und Wirklichkeit gibt es zahlreiche Erklärungen:

- Flexibilität und Mobilität in Alltag und Beruf setzt auch hohe Flexibilität in Familie und Partnerschaft voraus: Jedes 7. Paar lebt auf Entfernung[31], Patchwork-Familien sind keine Ausnahme mehr.
- Partnerschaft und Sexualität erfahren im Zeitalter der Ypsilonisierung und der „digitalen Verfügbarkeiten“ eine noch stärkere Trennung als in den Generationen zuvor: Familie und Treue in den „eigenen vier Wänden“ bei gleichzeitig als „völlig normal“ erlebter Pornografisierung der Außenwelt.
- Die Verwirklichung persönlicher Lebensziele und die weit verbreitete Multioptionalität („sich nicht festlegen wollen“) schieben die Familienplanung weiter in höhere Altersstufen und in immer kürzere Zeitphasen: Begleiterscheinungen sind u.a. Familienplanungsstress, biologische Einschränkungen und künstliche Befruchtung, Akademisierung und Verknappung potenzieller Wunschpartner.
- Reale Partnerschaften sind leider kein Wunschkonzert: Konflikte austragen oder Partnerschaften beenden?

Trotz der Hürden suchen Ypsiloner mehrheitlich Beständigkeit und Sicherheit in Rückzugspunkten, eine richtig gute Familie, das persönliche Glück. Eine idealisierte Bubble of Privacy erfährt in der Generation Why eine Rennaissance. Bei aller Unruhe im Berufs- und Alltagsleben finden sie in Familien und Partnerschaften ein Auffangbecken für „draußen verloren gegangene Traditionen“.

---

[31] Hurrelmann und Albrecht, S. 90.

Die aus ihrer Kindheit erlebte „Heimat" wird quasi auf ihre eigenen Kinder übertragen. Dabei bleiben sie weiterhin ein Teil im Hier und Jetzt, mutieren keinesfalls zu Amish People. Aber es gefällt ihnen auch, klassische Rollen auszuleben. Warum nicht nur Papa sein? Warum nicht zu 100% Mutterdasein ausleben? Es ist doch schön, eigene Kinder zu haben und diese Phase intensiv zu erleben und im engsten Familienumfeld zu teilen. Gerade bei zeitpunktbezogenen Problemen in der individuellen Karriereverwirklichung oder im Zuge des „Zeitdrucks einer ablaufenden biologischen Uhr" sind besonders auch für Y-Frauen Rückgriffe in tradierte Rollen wünschenswerte Lebensbiografien. Ypsilon hat kein Problem damit, um als „gute Mutter" auf die bisherige Karriere zu verzichten. Und sich auch als Mutter zu verwirklichen. Im eigenen Heim. Mit netten Nachbarn in vergleichbarer Lebenslage. Vielleicht etwas spießig, aber warum denn nicht?

Für dieses Glück im Privaten benötigen Millenials „nur" die richtige Entscheidung, was den Partner oder die Partnerin betrifft. Die Vielfalt an Optionen macht aber auch hier das Entscheiden nicht leichter. Gedanken an das vermeintliche Scheitern. Zudem treibt gleichzeitig immer auch die Sorge um, vielleicht doch eine falsche Entscheidung getroffen zu haben. *Ist das der richtige Partner FÜR MICH? Hätte ICH nicht jemand Besseres verdient gehabt?* Weniger die Frage: *Passen WIR wirklich gut zusammen?* Nicht nur bei Partnerschaftsentscheidungen wird das König-Drosselbart-Theorem aktiviert (i.S. *„Ach, hätte ich doch nur..."*). Stets dominiert ein Ichling-Denken das Wir. Das Ich zählt mehr, wurde von Kindheit an so gelernt. Und: Beziehungen sind einfach komplizierter geworden. Normenfrei. Partnerschaft auf Augenhöhe. Nach Gefühlen, mitunter auch nach Launen, ohne sich gesellschaftlich verpflichtet zu fühlen. Offen[32]. Keine werblichen Schablonen eines unrealistischen Familienidylls.

Wir-Menschen: Gutes gemeinsam tun

GenY sind nun erwachsen. Die Jugend ist abgeschlossen. Schon bald stellen sie den Schwerpunkt des Erwerbspersonenpotenzials. Ihre Kindheit und Jugend war geprägt von Demokratisierung und Mitbestimmung, Auflösung von Hierarchien, fortschreitender Individualisierung und Positivismus, der Kultur des Mitteilens und Teilens (Sharing), Flexibilität und Fleiß, sowie der Suche nach Sinnhaftigkeit und Wertschätzung. Egotaktik ist ein zentraler Motivator, aber positive Erlebnisse und Lebensglück erleben die Ypsiloner ausschließlich im Miteinander. Nur im Wir erntet das Ich den verdienten Applaus und die gewünschte Wertschätzung.

Prinzipiell will GenY ihren gesellschaftlichen Beitrag leisten, einen „Stempel" hinterlassen, aber ohne Pauken und Trompeten. Ihre Revolution verlief bislang gesellschaftlich leise, im Internet als Generation Facebook, über eine gelebte Erlebniskultur. Offen und flexibel, mit zumeist guter Laune, durchaus politisch - ohne aber zu politisieren. Politische und gesellschaftskritische Meinungen werden stärker digital und in einem überschaubaren Zeitrahmen (wie ein „Projekt") vertreten als über parteipolitische Aktivitäten. Politikverdrossenheit ist sicherlich auch ein Ergebnis ihrer Jugend: Warum sich politisch festlegen? Warum den Politikern vertrauen? Was können Politiker heute überhaupt noch für mich / für unsere Generation realistisch versprechen (und dann auch einhalten)? Bereits in der Berufseinstiegsphase hatten die Millenials als „Generation Praktikum" gelernt, flexibel und anpassungsfähig nach den besten Möglichkeiten zu suchen,

[32] Homosexualität ist beispielsweise kaum noch ein Tabu-Thema, sondern mehrheitlich ein Teil unserer westlich geprägten, urbanen Gesellschaft geworden, vgl. Shell Holding, 2015, S. 183f.

ihren eigenen Weg zu gehen. Ausprobieren, bewerten, selbst Erfahrungen sammeln, mit anderen teilen und ggf. neue Wege entdecken.

Trotz der von ihren Eltern eingehauchten Egotaktiererei darf GenY nicht unterstellt werden, alle ihre Wünsche nur für sich und auf Kosten der anderen durchsetzen zu wollen. Vielmehr sind sie aufgrund ihrer Kindheitserfahrungen gepolt, selbst Gutes tun zu wollen, für Gutes einzutreten. Am besten für alle, falls das geht. Oder zumindest für Gleichgesinnte. Wenn ich Gutes tue, setze ich ein Zeichen. Weniger durch Religion getrieben, da der „Glaube" an Kirchen ähnlich niedrig ist wie an den Wirkungsgrad bzw. die Glaubwürdigkeit der Politik. Aber getrieben von dem Wunsch nach gutem Leben, Lebensglück, das „Böse" aus dem Leben bannen zu wollen. Mitunter auch durch Beistand moderner Ersatzreligionen. Ein Zuwachs an Esoterik, selbst konstruierter Religiosität mit Ingredienzen aus unterschiedlichsten Religionen (von Buddha bis Manitou), religionsähnlichen Wellness- und Gesundheitstempeln für das Seelenheil u.v.m.

Gesundes Leben wird teilweise wie eine neue Ersatzreligion zelebriert: Das „Böse" aus Food bannen. Fleisch zu essen heißt Tiere töten. Vegetariertum ist „in". Mit all seinen Facetten. Was mit „Fit for Fun" in GenX begann, endet nun mit einem Anstieg an Veganern, Flexitariern, Paleo-Jüngern u.ä.. Das Ganze, gepaart mit einer Zunahme an Stauballergien, Laktose-, Fructose und Gluten-Intoleranzen. Mein Körper spricht mit mir. Ich höre auf die Signale. Was gut für mich ist. Du bist, was du isst. GenY treibt eine neue „Ess-Kultur" voran: Weniger selbst kochen können (aus dem FF, ohne Anweisungen aus dem Kochbuch oder Internet), großes Interesse an Koch-Shows und Koch-Events, mehr Wissen darüber, was „böse", schlecht für den Körper ist. Bewusster leben. Aber immer auch mit möglichst wenig persönlichem Invest, z.B. an Zeit[33].

In keiner Generation vorher war die Sinnhaftigkeit jeglichen Handeln und Tuns so stark im Fokus. Sich für etwas einzusetzen, muss einen Sinn haben. Einen Nutzen für mich oder einen nachhaltigen Effekt für die Allgemeinheit. Eine Regel nur einzuhalten, weil „etwas immer schon so war", liefert für GenY keinen Sinn. Wozu? Gen Why hinterfragt: Was hat das bislang gebracht? Was führt schneller zum Ziel? Warum nicht andere Wege gehen? Offen und flexibel in der Herangehensweise, aber letztlich entscheidend ist, dass das Ergebnis „Sinn macht". Idealerweise im Miteinander.

Denn der „Team-Gedanke" wird bei den Ypsilonern groß geschrieben – auch wenn nicht jedes Ergebnis tatsächlich gut für alle im Team sein muss. In jedem Fall ist der Wille da, Entscheidungen treffen zu wollen, die „gut für alle" sein sollen. Zumindest aus ihrem eigenen Blickwinkel. Ihre bisherige Lebensbiographie ist für diese gelebten Verhaltensweisen deren Leitplanke. Verantwortung für etwas ja, aber deshalb nicht gleich allein entscheiden. Entscheidungen sollten stets zusammen getroffen werden. Mehrheitsfähig bleiben, nicht alleine vorpreschen. Diese Einstellung hat ihnen gelegentlich den Vorwurf der Führungsschwäche eingebracht. Tatsächlich gibt es zahlreiche Belege dafür, dass nach 1980 Geborene weniger stark den Hang haben, führen zu wollen[34]: Manager der GenY führen bislang signifikant weniger gern als ihre älteren Kollegen. Die Freude an Führungsaufgaben belegt bei ihnen nur noch den 4. Platz der Karrieremotivationen nach dem Manager Barometer 2014/2015 von Odgers Bendtson.

---

[33] In diesem Zusammenhang ist sicherlich auch der Erfolg von Anbietern wie „Hello Fresh" und ähnlichen Produktangeboten bzw. Online-Services zu sehen: Gesund ja, aber möglichst einfach und mit geringem Aufwand!

[34] Ursula Kosser, a.a.O., S. 50

Eine wachsende Bedeutung erhalten finanzielle Anreize und individuelle Anerkennung über Status oder Titel. Geld gegen Leistung, um Freizeitansprüche zu bezahlen. Auch Kerstin Bund kommt zu einem vergleichbaren Fazit: „Junge Leute wollen heute zwar Verantwortung übernehmen, aber nicht mehr unbedingt führen[35]." Es geht um das Interesse an der Sache, mitunter projektweise – nicht auf Dauer.

Abschließend muss für das Wir-Gefühl der Ypsiloner festgehalten werden: Das Miteinander ist das große Sehnsuchtsziel dieser Generation. Das „Wir" wurde ihnen von Kindheit an beigebracht: Mitbestimmung, Mitentscheidung, Feedback-Schleifen, aber auch Verantwortungsdelegieren, Unsicherheiten bei Entscheidungen, *„irgendwie für etwas sein, aber irgendwie auch nicht"*. Das Wir ist eine komfortable Knautschzone, die es erlaubt, Fehler zu teilen, sich bei Niederlagen auf den „inneren Kreis" der Familie und engster Freunde zurückzuziehen und sich bei Erfolg das Bestmögliche aus dem Wir auf das individuelle Ich zu packen. Das Wir und kompromisslose Teilen ist der idealisierte Sehnsuchtsort, was aber nur selten auf Dauer erreicht wird. Dazwischen befindet sich aber das eigene Ego. Und das seit Kindheitstagen. Mit seinen Möglichkeiten und Unsicherheiten. Bei der Karriereplanung, über Selfies und Posten. Bis hin zum schwierigen Projekt Partnersuche und Familiengründung. Wir wollen Gutes, wir wollen gut sein – aber nur wie? Und geht das auf Dauer? Und was bringt das dann mir?

---

[35] Kerstin Bund, Glück schlägt Geld. Generation Y: Was wir wirklich wollen, Murmann 2014, S. 131

Die mehrheitlichen Absichten der Mit-Menschen von GenY sind sicherlich gut gemeint – mitunter spontan, manchmal planlos, mitunter spätpubertär wirkend. Aber stets offen. Ein echtes Wir-Gefühl ist es aber nicht. Keine kollektive Solidarität, eher Schwarm-Solidarität. Denn am Ende steht das Ich im Vordergrund.

Fazit: Die Handschrift der Generation Y

Leise und unmerklich vollzogen sich Veränderungen durch das Hineinwachsen der Ypsiloner in die zahlungskräftigten Altersgruppen und in die zukünftigen Führungseliten. Im Vergleich zu den Vorgänger-Generationen war keine Generation so behütet und angepasst wie GenY. Als „Trophy Kids" hatten sie in der Kindheit über ihre Helikopter-Eltern erfahren, wie schön es ist, Applaus zu erhalten: Nichts ist unmöglich - wenn wir es nur wollen.

Nun sind die Millenials in der Altersgruppe über 20 bis Mitte 30 angelangt und setzen der Gesellschaft ihren individuellen Stempel auf.

1. Bei Sinnhaftigkeit eines „Projekts" möchten sich Ypsiloner immer selbstverwirklichen und das später im „Wir" mit anderen teilen.
2. GenY hat die Digitalisierung voll erfasst - wenn auch nicht wie bei GenZ als Digital Native und „buckeliger Smombie": Alles wird schneller, bewegter, vielfältiger – die Millenials entscheiden schneller, flexibler, mitunter auch etwas sprunghafter.
3. GenY ist das zentrale Standbein der gesellschaftlichen Globalisierung: Sie lebt die Globalisierung, teilt sie und sucht aber auch Rückzugsorte, die ihr Sicherheit liefern.
4. Sharing- und Erlebniskultur prägen sie mehr als Belehrung und formale Vorgaben: Nur im „Wir" erleben sie mehr Spaß, nur im demokratischen „Wir" lassen sich angenehmere Entscheidungen „im Team" treffen.
5. Bei allem Tun im Miteinander sind Ypsiloner (und auch ihre jüngeren Geschwister aus GenZ) stark ich-bezogen. Die zwei zentralen Fragen der Ypsiloner in ihren (zeitbegrenzten) Projekten sind stets: *„Why?"* (Sinnhaftigkeit) und *„What's in for me?"* (Egotaktik)

2 Schöne neue Arbeitswelt 4.0

„Wir sind jung und brauchen das Glück"
Zeit-Autorin Kerstin Bund

Die Generationen Y und Z stellen mal wieder alles auf den Kopf. Geld alleine reicht ihnen nicht mehr zum glücklich sein. Sie wollen lieber Homeoffice machen oder ein Jahr Sabbatical nehmen und durch Südamerika reisen statt als Abteilungsleiter ein paar Euro mehr zu verdienen. Die jungen Arbeitnehmer sind anspruchsvoller geworden, soviel ist klar. Fast drei Viertel der Jugendlichen erwarten, Berufswünsche auch verwirklichen zu können, zu diesem Ergebnis kommt die Shell Jugendstudie 2015. Gleichzeitig gaben 50 Prozent an, dass nach ihrer persönlichen Einschätzung wegen der Berufstätigkeit zu wenig freie Zeit bliebe. Die Work-Life-Balance und Vereinbarkeit von Beruf und Familie sind für die jungen Arbeitnehmer heute so wichtig wie nie zuvor.

Unternehmen und Markenbotschafter stellt das vor neue Herausforderungen. Die Spielregeln haben sich in den letzten Jahren dramatisch verändert.[36] Zum einen lassen sich die jungen Arbeitnehmer nicht mehr alleine mit dem Firmenwagen mit Vollausstattung an das Unternehmen binden – denn die herkömmlichen Statussymbole bedeuten ihnen wenig. Die Statussymbole der jungen Generationen heißen heute Selbstbestimmung und Flexibilität.

Zum anderen werden Digitalisierung und technische Entwicklungen im Umfeld der Industrie 4.0 die gesamte Arbeitswelt fast bis zur Unkenntlichkeit verändern. [37] In den USA hat man bereits vor zehn Jahren festgestellt, dass die Zahl der Wis-

[36] Hermann Wala, Meine Marke: Was Unternehmen authentisch, unverwechselbar und langfristig erfolgreich macht, 2015
[37] Alfons Botthof, Ernst A. Hartmann, Zukunft der Arbeit in Industrie 4.0, 2015

sensarbeiter die Anzahl der Arbeitnehmer, die nur Routineaufgaben erledigen, übertroffen hat. Dabei ist es egal, ob es sich um den kleinen Bäcker um die Ecke oder ein global agierendes Finanzunternehmen handelt – an der Digitalisierung führt heute kaum mehr ein Weg vorbei.

Bewältigen lassen sich diese Herausforderungen in Zukunft wohl nur mit jungen, motivierten Angestellten, die auch die nötige Innovationskraft liefern, damit Unternehmen langfristig auf einem immer komplexeren Weltmarkt gegen die Konkurrenz bestehen können.

Der Arbeitsplatz von einst hat ausgedient. Wer darauf als Arbeitgeber keine Antwort findet, hat es künftig schwer. Das gilt nicht nur für einen milliardenschweren Großkonzern wie Microsoft, sondern das gilt auch für jedes mittelständische Unternehmen. Die neuen Arbeitswelten definieren die Autoren Elke Frank und Thorsten Hübschen in ihrem Buch „Out of Office“ über drei Aspekte:

- Menschen
- Technologie
- Orte

Wir werden in diesem Kapitel einmal genauer untersuchen, welchen Einfluss die Generationen Y und Z auf die Arbeitswelt von morgen haben und wie der rasante technische Fortschritt das „Wie“ und „Wo“ wir künftig arbeiten werden bestimmt.

Im Zentrum steht der Mensch

Schnell noch mit dem Smartphone ein paar berufliche Mails lesen, während das Kind nebenan mit dem iPad spielt – in der modernen Arbeitswelt verschwimmen zunehmend die Grenzen zwischen Beruf und Freizeit. Viele jüngere Arbeitnehmer fragen in einem Bewerbungsgespräch als erstes: Wie sieht es mit flexibler Arbeitszeit aus? Angestellte wollen nicht mehr nur als reine Arbeitskraft gesehen werden – der Job soll auch Lebensqualität bieten. Besonders ausgeprägt ist dieses Bedürfnis bei den Generationen Y und Z. So ergab eine aktuelle Studie von K&A Brand Research zum Thema „Die Arbeitswelt der Zukunft – was verändert sich wirklich" unter anderem folgende Ergebnisse:

- Freizeit und Freizeitgestaltung spielen in der Arbeitswelt der Zukunft eine immer wichtigere Rolle – flexible Arbeitszeiten, gute Vereinbarkeit von Freizeit und Beruf und gerne auch Freizeit als Belohnung für gute Leistungen. Für 44 Prozent der Generation Y ist die Vereinbarkeit von Beruf und Familie einer der relevantesten Faktoren für einen guten Arbeitsplatz. Zum Vergleich: Bei den Babyboomern hat es diese Angabe nicht unter die Top-5 geschafft.
- Beruflicher Erfolg ist immer noch ein erstrebenswertes Ziel, sollte aber nicht im Konflikt mit der Freizeitgestaltung stehen – also nicht Karriere um jeden Preis! 84 Prozent der Generation Z würden sogar den Job wechseln, wenn der neue Arbeitsplatz eine bessere Vereinbarkeit von Freizeit und Beruf böte.
- GenY und Z tritt dabei sehr selbstbewusst auf: Man weiß um den eigenen Wert auf dem Arbeitsmarkt und ist durchaus bereit, für eine attraktive Stelle den Arbeitgeber zu wechseln.

Unternehmen, die sich auf diese neuen Realitäten nicht einlassen, dürften in Zukunft im wahrsten Sinne des Wortes alt aussehen. Denn die Entwicklungen der Demografie sprechen für die jungen Arbeitnehmer. So kam eine Studie der Unternehmensberatung Boston Consulting Group zu dem Ergebnis, bis 2030 werden der deutschen Wirtschaft 6,1 Millionen Arbeitskräfte fehlen. Das Nürnberger Institut für Arbeitsmarkt- und Berufsforschung (IAB) rechnet bis 2050 sogar mit einem Arbeitskräftemangel von bis zu acht Millionen Menschen. Der demografische Wandel trifft folglich auch den Arbeitsmarkt der Zukunft und wird zu großen Veränderungen in der Art und Weise führen, wie Unternehmen ihre Angestellten sehen müssen.

Die Zahl der Arbeitnehmer sinkt und insbesondere Fachkräfte wie Ingenieure oder Programmierer werden rar. Deutsche Unternehmen müssen den Bewerbern daher künftig mehr als nur ein attraktives Gehalt bieten, wenn sie international wettbewerbsfähig bleiben wollen. Der Arbeitnehmer muss als soziales Wesen mit all seinen Bedürfnissen angesprochen werden. Flexible Arbeitszeitmodelle und eine gute Arbeitsatmosphäre werden dabei immer wichtiger.

Bedürfnisse im Wandel

Die Maslowsche Bedürfnishierarchie, bekannt als Bedürfnispyramide, ist eine sozialpsychologische Theorie des US-amerikanischen Psychologen Abraham Maslow.

Abbildung 2: Maslowsche Bedürfnispyramide
(Quelle: Eigene Darstellung nach Abraham Maslow.)

Sie beschreibt menschliche Bedürfnisse und Motivationen in einer hierarchischen Struktur und versucht, diese zu erklären. Die Basis bilden dabei die sogenannten Grund- oder Existenzbedürfnisse. Darauf folgen Sicherheitsbedürfnisse, soziale Bedürfnisse, wie der Wunsch nach Zugehörigkeit zu einer Gruppe und individuelle Bedürfnisse, zum Beispiel der Wunsch nach Wertschätzung und Respekt. Wenn alle diese Bedürfnisse erfüllt sind, so die Theorie von Maslow, dann strebt der Mensch nach Selbstverwirklichung.

Heruntergebrochen auf unser Thema könnte man also sagen: Erst wenn bei einem Job das Gehalt stimmt, die Sicherheit des Arbeitsplatzes gewährleistet ist und der Arbeitnehmer sich geachtet fühlt, sucht er nach Möglichkeiten sein Potential voll auszuschöpfen.

Die Generationen Y und Z sind aber offensichtlich gerade dabei, diese Pyramide auf den Kopf zu stellen. Während in der Generation der Babyboomer noch für 52 Prozent die Sicherheit des Arbeitsplatzes an erster Stelle steht, sind es laut der K&A Studie in der Generation Z nur noch 45 Prozent, bei der Generation Y sind es immerhin noch 53 Prozent. Für die Generationen Y und Z ist dagegen eine gute Arbeitsatmosphäre und Spaß bei der Arbeit das wichtigste an ihrer beruflichen Tätigkeit. Für die Generation Y steht auch die gute Vereinbarkeit von Beruf und Familie (44 Prozent) und die sinnvolle berufliche Tätigkeit (37 Prozent) ganz vorne. Sicherheit und hohe Verdienstmöglichkeit bleiben zwar weiterhin ein wichtiger Faktor für einen guten Arbeitsplatz, die Selbstverwirklichung und der Spaß an der Arbeit ist den jungen Arbeitnehmern im Gegensatz zur Generation der Babyboomer aber mindestens genauso wichtig.

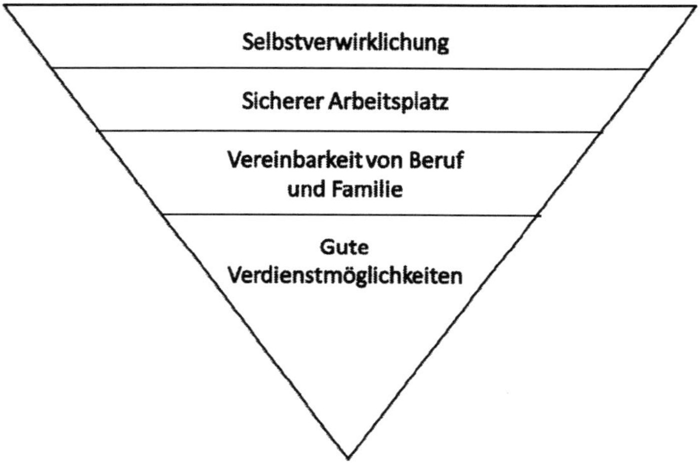

Abbildung 3: Gen YZ und ihre Anforderungen an die Berufswelt
(Quelle: Eigene Darstellung nach Hermann Wala und Uwe Lebok)

Auf den ersten Blick ließe sich jetzt natürlich eine gewagte These aufstellen: Die jungen Leute haben also nur Spaß und Partys im Kopf. Doch diese Betrachtung wäre viel zu kurz gegriffen. „Ausgesprochen familienorientiert“ nennt die letzte Shell Jugendstudie die jungen Erwachsenen in Deutschland. Freizeit und vor allem Zeit für die Familie spielen in der Arbeitswelt der Zukunft eine immer wichtigere Rolle – die jungen Arbeitnehmer fordern flexible Arbeitszeiten, gute Vereinbarkeit von Familie und Beruf und gerne auch Freizeit als Belohnung für gute Leistungen. Mehr als 80 Prozent der Generation Z finden ein Bezahlmodell mit einem festen Grundgehalt und mehr Freizeit bei guten Leistungen als besonders attraktiv.

Mit dem Selbstbewusstsein steigt offensichtlich auch die Wechselbereitschaft der jungen Arbeitnehmer. Die größte Motivation, ein neues Jobangebot anzunehmen ist dabei für 84 Prozent der Befragten eine bessere Vereinbarkeit von Freizeit und Beruf. Aber die jungen Leute wollen deswegen trotzdem keine „Job-Hopper" sein.

Eine klare und langfristige Perspektive bleibt auch für die Generation Y und Z das wichtigste Kriterium für einen möglichen Arbeitgeberwechsel. Beruflicher Erfolg ist für viele noch ein erstrebenswertes Ziel, sollte aber nicht im Konflikt mit der Freizeitgestaltung stehen – also nicht Karriere um jeden Preis! Die Ansprüche an den Arbeitgeber steigen aber insgesamt über die Generationen hinweg an. Sie möchten selbst entscheiden können wo und für wen sie arbeiten. Gleichzeitig fehlt zunehmend das Verständnis, warum eine bestimmte Arbeit nur an einem bestimmten Ort und zu einer bestimmten Zeit verrichtet werden soll. Natürlich gibt es viele Berufe, bei denen das nicht anders machbar ist. Die wachsende Zahl der sogenannten Wissensarbeiter werden sich ihre Arbeit in Zukunft viel freier einteilen können. *„Mit der Wissensarbeit hat sich alles geändert, oder besser wird sich alles ändern müssen: das Arbeiten im Büro, das Arbeiten im Team, die Führung von Menschen"*, schreiben die Autoren des Buchs „Out of Office". Elke Frank und Thorsten Hübschen sind beide Führungskräfte beim Technologiekonzern Microsoft, und erleben den Wandel der Arbeitswelt hautnah. Bei Microsoft hat man schon reagiert und die Präsenzpflicht aufgehoben. Wer lieber zu Hause oder im Park arbeiten möchte, der kann das tun. Denn Wissensarbeiter sind keine Arbeitskräfte, sondern das Kapital einer Firma, hat schon Beraterlegende Peter F. Drucker Mitte des vergangenen Jahrhunderts erkannt. Ohne die jungen motivierten Mitarbeiter kommt jedes Unternehmen in dieser Zeit mit ihren rasanten technologischen Entwicklungen schnell ins Hintertreffen.

Was bieten die jungen Generationen?

Die Ansprüche der Generationen Y und Z an ihre Arbeitgeber mögen gewachsen sein. Doch sind sie einmal von ihrem Unternehmen überzeugt und macht der Job Spaß, sind sie auch bereit alles zu geben. Das bestätigen auch die Ergebnisse der K&A Studie. Die Bereitschaft ist in der Generation Z mit 92 Prozent dabei sogar etwas höher als bei den Ypsilonern mit 89 Prozent. Auch der US-Autor Bruce Tulgan hat in seinem Buch „Not everyone gets a trophy" erkannt: *„Wer von dieser Generation Höchstleistungen will, muss viel Aufwand in ihre Führung und Pflege stecken."*[38]

Und die jungen Arbeitnehmer haben einiges zu bieten: Keine Generation jemals zuvor war so gut ausgebildet und international vernetzt. Die Generationen Y und Z sind in einer globalisierten Welt aufgewachsen, haben im Ausland studiert und sprechen oftmals mindestens drei Sprachen.

Hinzu kommt, dass sie mit Facebook, Twitter, YouTube und Co. aufgewachsen sind. Sie haben spielerisch gelernt, mit diesen technologischen Entwicklungen umzugehen. Das verschafft ihnen einen unschätzbaren Vorsprung im Verständnis und Gebrauch künftiger Innovationen. Wer heute in der Weltwirtschaft konkurrenzfähig bleiben möchte, kommt um die Digitalisierung nicht herum. Neue Technologien zerstören alte Geschäftsmodelle und lassen völlig neue Wirtschaftszweige entstehen. Ob Einzelhandel oder Banken, kaum eine Branche ist vor den fundamentalen Veränderungen gefeit. Um in dieser Welt erfolgreich zu sein, brauchen Unternehmen die kreativsten und besten Mitarbeiter, die sie finden können. Sie brauchen Menschen, die auch flexibel au-

[38] Bruce Tulgan, Not Everyone Gets A Trophy: How to Manage Generation Y, 2009

ßerhalb alter und festgelegter Bahnen denken können und die sich in der digitalen Welt zu Hause fühlen. Sie brauchen die jungen Talente und ihr Technologieverständnis, um auch morgen noch wettbewerbsfähig zu bleiben.

Hackday und Bootcamp: Wie verändert die Arbeitswelt 4.0 die Anforderungen an Arbeitnehmer und Führungskräfte?

Die Arbeitswelt selbst wird immer komplexer: Die Kommunikation nimmt insgesamt zu, neue Kanäle werden stärker, ohne aber bestehende Kanäle abzulösen: Multitasking wird wichtiger. Um in dieser, sich im-mer schneller verändernden Arbeitswelt erfolgreich zu sein, ist es für Unternehmen umso wichtiger, sich die besten Köpfe zu sichern. Der zunehmende Übergang zu mehr und mehr Wissensarbeit ist die Fähigkeit, aus dem Unternehmen heraus Innovation zu gestalten, unabdingbar. Hubert Burda Media veranstaltet beispielsweise jährlich einen Hackday, bei dem Programmierer, Designer und Business-Experten für 24 Stunden zusammen an einer Idee arbeiten und am Ende einen funktionsfähigen Prototypen präsentieren. Daneben organisiert der Konzern auch Bootcamps, in denen Mitarbeiter und externe Bewerber zwei Monate an neuen Projekten tüfteln.

Einen festen Arbeitsplatz hat dabei keiner. Der Laptop wird dort aufgeschlagen, wo man gerade ist. Nirgendwo kann man besser einen Blick auf die Zukunft der Arbeitswelt erhaschen: Das Arbeiten wird mehr und mehr projektbezogen und interdisziplinär. Teams finden sich anhand der Aufgaben, Hierarchien sind flach und die Grenze zwischen Arbeit und Freizeit ist längst nicht mehr so klar definiert wie bei einem altmodischen nine to five Job. Auf diese Weise können innovative

Projekte in kürzeren Zeiträumen umgesetzt werden, als es sich manch ein bequem gewordener Manager in den Firmenzentralen großer Konzerne hätte träumen lassen. Die Arbeitswelt der Zukunft ist schnell und vor allem eines: flexibel. Rapid Prototyping und Design Thinking, heißen die Konzepte, die die Arbeitswelten auf den Kopf stellen.

Das Start-Up-Feeling wird längst nicht mehr nur in Garagen ausgelebt, wie der, in der Larry Page und Sergey Brin ihre Internet-Suchmaschine gegründet hatten. Auch große Unternehmen machen sich die flexible Arbeitsweise zu nutzen, um in der immer schnelllebigeren Welt erfolgreich zu sein. Und niemand beherrscht diese Arbeitsweise besser, als die Generation Y. Welche Fähigkeiten Arbeitnehmer, aber auch Führungskräfte in der Arbeitswelt 4.0 brauchen, damit muss sich Markus Böhler, Managing Partner, Hartliebpartner Executive Search täglich auseinandersetzen. Als Personalberater berät er Unternehmen bei der digitalen Transformation und vermittelt und coacht Führungskräfte in den Bereichen Medien, Marketing und E-Business.

Welche neuen Skills braucht der Arbeitnehmer 4.0?

Die neue Arbeitswelt ist viel technisierter, sowohl was Unternehmensprodukte, aber auch Prozesse im Unternehmen anbelangt. Zudem verändern sich diese technologisch geprägten Arbeitswelten permanent. Erfolgreiche Arbeitnehmer kombinieren daher ihre technologischen Fähigkeiten mit Eigeninitiative, Kreativität und einer unternehmerischen Grundhaltung, um aktiv die Veränderungsprozesse zu gestalten, egal auf welcher Ebene. Persönlich funktioniert das am besten mit einer positiven und offenen Grundhaltung sowie einer systematischen, aber flexiblen Arbeitsweise, die auf

Kommunikation und Zusammenarbeit angelegt ist, weniger auf starre, machtbezogene Hierarchien, Strukturen und Prozesse. Eine hohe technische Affinität, ein Gespür für technologisch geprägte Geschäftsfelder und ein geübter Umgang mit allen Anwendungen in einer technisierten Arbeitswelt sind daher auch für Führungskräfte zu zwingenden Voraussetzungen geworden, die bisherigen Führungsanforderungen erweitern. Bei Unternehmen, die sich mitten in der digitalen Transformation befinden, wird der Change Manager zum Erfolgstyp, der sich, je nach Veränderungsdruck und Veränderungskompetenz des eigenen Unternehmens, auf ein zielorientiertes, aber sensibles Verhaltensrepertoire für unterschiedliche „Milieus" im Unternehmen versteht.

Sind die jungen Generationen im Job dabei wirklich so wechselhaft und anspruchsvoll?

Junge Arbeitnehmer sind das Ergebnis der Welt, die ihre Vorgeneration geschaffen hat, auch was Pädagogik betrifft. Sie haften nicht mehr so sehr herkömmlichen, gesellschaftsübergreifenden Wertesystemen an. Wir merken, dass sie weniger auf Macht, Status oder materielle Karriereziele ausgerichtet sind, als es vielleicht bei früheren Generationen der Fall war.

Viel wichtiger sind den jungen Arbeitnehmern heute der Sinn ihrer Tätigkeit, die Identifikation mit ihren Aufgaben und ein „gutes Gefühl" bei dem, was sie machen. Die Arbeitswelt ist nur ein Teil ihrer Lebensweise die sich selbst permanent ändert und weiterentwickelt. Sie haften nicht so sehr an ihren Themen und Umfeldern an, begreifen ihr Arbeiten mehr als Projekt und probieren gerne neues aus.

Das hat aber mit „verwöhnt" oder „anspruchsvoll" zunächst wenig zu tun, wie die enorme Einsatzbereitschaft und Ergebnisqualität zeigt, wenn es mal „passt". Man muss es eher als eine „Liebe auf Zeit" verstehen, die ja trotzdem eine gute Zeit sein kann, egal ob sie kürzer oder länger dauern wird.

Die technologische Arbeitswelt

Neben den neuen Ansprüchen der Generation Y und den sich verändernden Anforderungen an die Arbeitnehmer, stellt vor allem die Technologie die größte Triebfeder bei der Veränderung unserer Arbeitswelt dar. Wie sehr der technische Fortschritt die Arbeitswelt 4.0 verändern wird, zeigt das beeindruckende Beispiel des neuen Roboters Atlas. Die Maschine, die in kürzester Zeit zu einem Hit in den sozialen Medien wurde, wird dem Mensch immer ähnlicher. Eigenständig vermag er Türen zu öffnen oder Pakete in Regale zu stapeln. Schöpfer dieser Arbeitsdrohne ist die Google-Tochter Boston Dynamics.

Ihren jeweiligen Job erledigen die Roboter inzwischen so gut, dass einer Analyse des Weltwirtschaftsforums zufolge, der zunehmenden Automatisierung und dem Internet der Dinge bis 2020 in den wichtigsten fünfzehn Volkswirtschaften unterm Strich fünf Millionen herkömmliche Stellen zum Opfer fallen könnten. Eine andere Studie des White House's Council of Economic Advisors (CEA) erwartet, dass jeder Amerikaner, der weniger als 20 Dollar pro Stunde verdient, bald durch einen Roboter ersetzt werden könnte. [39] Diese Ergebnisse zeigen deutlich, welche gravierenden Veränderungen den Arbeitswelten schon sehr bald bevorstehen.

---

[39] White House's Council of Economic Advisors (CEA): The Economic Report of the President, Februar 2016

In der Zukunft wird die sogenannte Wissensarbeit noch einen weit größeren Stellenwert bekommen als heute. Einen großen Vorteil auf dem Arbeitsmarkt dürften daher die jungen Generationen gegenüber den "Digital Immigrants" genießen. Rein statistisch ist die Generation Y die bisher am besten ausgebildete Generation aller Zeiten, denn nie war die Akademikerquote[40] höher. Die Digitalisierung verändert aber nicht nur die Jobs, die wir machen, sie verändert vor allem auch, wie wir in der Arbeitswelt miteinander kommunizieren.

Aus erster Hand erlebt das *Dr. Thorsten Hübschen*. Er ist bei Microsoft Deutschland für den Geschäftsbereich Office verantwortlich.

Welche Rolle spielen technologische Entwicklungen für die neue Arbeitswelt?
Die technologischen Entwicklungen sind Grundpfeiler der neuen Arbeitswelten. Im Kern zeichnen sie sich dadurch aus, dass sie komplexer, schneller und dynamischer sind – und damit weniger planbar. Diese Komplexität und Dynamik muss irgendwie organisiert und getragen werden, da wir Menschen immer noch genauso komplex, schnell und dynamisch sind wie vor 50 Jahren. Technologie gibt uns hier Werkzeuge an die Hand, um Organisationen und Prozesse aufzubauen, die uns ermöglichen, mit den neuen Anforderungen fertig zu werden. So sollte man Technologie bewerten: Hilft sie mir und meiner Organisation, höhere Komplexität zu „verdauen" und damit meine Kunden besser zu bedienen?

---

[40] Statistisches Bundesamt 2015; Generation Y. Das Selbstverständnis der Manager von morgen, Eine Trendstudie des Zukunftsinstituts im Auftrag von Signium International, 2013

Die Komplexität entsteht nämlich nicht im Inneren des Unternehmens, sondern kommt vom Markt und den Kunden. Voraussetzung: Wir betrachten unsere Kunden nicht mehr als anonyme „Zielgruppe", sondern als individuelle Menschen und Organisationen.

Wie hat sich berufliche Kommunikation in der neuen Arbeitswelt verändert?

Die Kommunikation innerhalb von Unternehmen und Großorganisationen hat sich in den letzten 10 bis 15 Jahren grundlegend gewandelt. Mir fallen dabei drei Faktoren auf: schneller, vernetzter und formloser.

Schneller: Durch den technischen Fortschritt geht Kommunikation binnen Sekunden. Wo früher noch Briefe tagelang unterwegs waren, geht es heute in Echtzeitkommunikation. Dazu gehört nicht nur der physische Transport von Nachrichten, sondern auch inhaltliche Hürden verschwinden – beispielsweise das Übersetzen in andere Sprachen. Dafür gibt es heute Technologien wie Skype Translator, das funktioniert sogar für Videochat in Echtzeit.

Vernetzter: Früher definierten Hierarchie und Organisation, wer mit wem kommuniziert. Das brachte Ordnung und Effizienz. Aber heute lässt sich auch in großen Organisationen hochvernetzt kommunizieren, also prinzipiell kann jeder mit jedem in Kontakt treten. Social Netzworks haben uns dies ermöglicht.

Formloser: Früher spielt die Form einer Nachricht eine große Rolle – von Anrede, Höflichkeitsformen bis zu formalen Titeln. Heute entfallen Information und Form viel öfter. Das hierarchiefreie „Du" dominiert auch in deutschen Unternehmen, Nachrichten schrumpfen oft auf Tweet-Länge zusammen. Der Grund: In der vernetzten Welt muss der notwendige Kontext nicht durch Form gehalten werden, sondern er wird über die Vernetzung der Inhalte transportiert. Mittlerweile wechseln die Medien selbst während einer Konversation fließend.

Welche Herausforderungen bergen diese Entwicklungen für Unternehmen?

Führungskräfte und Unternehmen müssen vor allem lernen, ihre Mitarbeiter und ihre Kunden ernst zu nehmen und zu respektieren. Sie als erwachsene, leistungsfähige und leistungsbereite Menschen wahrnehmen. In den letzten Jahrzehnten ist eine fatale Misstrauenskultur entstanden – unter dem Deckmantel der Produktivität und der Anforderungen von Globalisierung und Wachstum. Daraus resultiert die Denke, man müsse Mitarbeiter streng kontrollieren und antreiben, um Leistung aus ihnen herauszupressen. Das mag für tayloristisch organisierte, einfache Produktionsverfahren vielleicht noch richtig gewesen sein. Aber bei den heutigen Wissensarbeits-Prozessen ist das grandios falsch. Sie sind dafür zu komplex und zu sehr miteinander vernetzt. Reinhard K. Sprenger hat dazu in seinem aktuellen Buch „Das anständige Unternehmen" eine hervorragende Bestandsaufnahme gemacht. Wir versuchen bei Microsoft Deutschland Kultur und Prozesse so zu gestalten, dass unsere Mitarbeiter so selbstständig wie möglich agieren. Sie wissen selber am besten, wie sie ihre Arbeit jeden Tag effizienter gestalten und was ihre Kunden wirklich brauchen.

Welche neuen Anforderungen gibt es aber auch an die Mitarbeiter?

Was wir von Führungskräften und Organisationstrukturen verlangen, gilt auch für die Mitarbeiter: Sie sollten sich erwachsen verhalten und sich Respekt verdienen. Das Entscheidende: Mitarbeiter sollten über die eigene Leistung und ihren Wertbeitrag für das Unternehmen und seine Kunden ehrlich reflektieren. Und sich immer wieder die Fragen stellen: Stifte ich mit meiner Arbeit Wert? Was brauchen meine Kunden wirklich? Was braucht mein Team wirklich? Dann lässt sich die eigene Leistung kontinuierlich verbessern. Mitarbeiter sollten ihren Arbeitsplatz nicht mehr als Besitzstand oder Errungenschaft betrachten, sondern als einen Ort, an dem sie sich persönlich entwickeln, lernen und möglichst viel leisten können.

Auf welche Konzepte setzt Microsoft Deutschland, um für die jungen Generationen attraktive Arbeitswelten zu schaffen?
Die Arbeitswelt muss für alle Generationen übergreifend attraktiv sein. Die Kultur ist dabei der Schlüssel zum Erfolg. Von jeder Generation können wir Haltungen und Arbeitsweisen lernen und sie zusammenbringen. Die entscheidende Frage ist: Wie schafft man eine gute Arbeitswelt, in der mehrere Generationen effektiv und effizient zusammenarbeiten? Bei Microsoft verfolgen wir konsequent einen Dreiklang aus Mensch, Raum und Technologie. In unserem Buch „Out of Office" haben Elke Frank und ich entlang dieser drei Gestaltungsdimensionen jenen Weg beschrieben, den Microsoft Deutschland beschreitet.

Welche Rolle spielt der richtige Führungsstil?
Der Führungsstil und die vermittelten Werte sind einerseits extrem wichtig, werden aber andererseits immer häufiger missverstanden. Ich möchte hier nochmals auf Reinhard K. Sprenger in „Das anständige Unternehmen" verweisen. Darin kritisiert und entlarvt er die überzogene Vorgabe von Werten durch Unternehmen und Führungskräften. Aus meiner Sicht sollten Unternehmen einen Rahmen vorgeben, der eine möglichst hohe Diversität von Werten und Stilen seiner Mitarbeiter und Führungskräfte erlaubt. Das ist an sich auch ein Wert, aber eher ein abstrakter „Meta-Wert".

Wie können Unternehmen am Ende durch die Arbeitswelt 4.0 profitieren?
Durch die neuen Arbeitsmodelle agieren wir komplexer, schneller und dynamischer als Organisation. Damit können wir den Markt besser bedienen, indem wir unseren Kunden bessere Produkte und Service bieten. Gleichzeitig empfinde ich die neue Art zu arbeiten auch für die Mitarbeiter in einem Unternehmen attraktiver: Je selbstbestimmter man arbeiten kann und je direkter sich die eigene Arbeit auf den Erfolg des Unternehmens wahrnehmen lässt, desto besser ist die Arbeit. Aber nicht nur die großen Konzerne widmen sich mit voller Energie den Veränderungen, die unsere Arbeitswelt erwarten. Auch mittelständische Unternehmen können hierbei eine Vorreiterrolle einnehmen. Markus Neubauer, CEO und Gründer der Silbury IT Solutions Deutschland GmbH setzt dabei auf offene Kommunikation.

Welche Vorteile ergeben sich aus den neuen Technologien für die Unternehmen?
Wir bei Silbury sind eine Beratungsfirma im Bereich Digitalisierung – das ist aktuell das große Trendthema. Wir beschäftigen uns also genau mit Themen, sprich Digitalisierung und Industrie 4.0, die künftig unsere Arbeitswelt immer stärker beeinflussen werden. Deshalb sehen wir die künftigen Veränderungen natürlich sehr frühzeitig, sowohl die positiven als auch die negativen.

Bei uns spielen die technologischen Entwicklungen eine zweigeteilte Rolle. Zum einen, weil wir sie täglich nutzen, um unseren Kunden Mehrwerte zu bieten. Auf der anderen Seite wollen wir genauso selbst davon profitieren und setzen gezielt technische Neuentwicklungen ein. Allerdings immer mit Blick auf die Konsequenzen. Wie werden Mitarbeiter dadurch beeinflusst? Wie kann es so gestaltet werden, dass am Ende ein durchweg positives Ergebnis herauskommt? Ein Beispiel: Wir sind ein relativ kleines Unternehmen mit 60 Mitarbeiterinnen und Mitarbeitern insgesamt, die es aber trotzdem schaffen, sehr große Kunden mit Technologien zu begeistern.

Das hängt auch mit der Arbeitswelt 4.0 zusammen. Ein Thema, auf das wir dabei sehr stark setzen, ist die Cloud-Technologie. Das bedeutet für uns: Jegliche Software-Lösungen, angefangen von unseren Office-Produkten, über Zeiterfassung und Abrechnungssysteme bis hin zu HR-Systemen, all das haben wir als Cloud-Lösung bezogen. Das ermöglicht uns, unseren Mitarbeitern ein professionelles Arbeitsumfeld ähnlich dem eines Großunternehmens zu bieten, was für uns früher so nicht möglich gewesen wäre.

Wirken sich diese neuen Technologien auch auf Ihre Auswahl der Mitarbeiter aus?
Selbstverständlich. Wir bearbeiten innovative und sehr neue Themen, das heißt wir brauchen auch Mitarbeiter, die relativ jung sind und sich für diese Themen begeistern. Wir befinden uns allerdings auf einem Sektor, in dem es wenige Arbeitskräfte am Markt gibt. Von diesen wollen wir nur die Besten und die Innovativsten. Das bedeutet für uns, wir suchen ganz gezielt Mitarbeiter aus den Generationen Y und Z und wollen diese dann in unserem Unternehmen gut integrieren und langfristig beschäftigen.

Welche Konzepte setzen Sie um, damit Sie hochqualifizierte Mitarbeiter aus den Generationen Y und Z an Ihr Unternehmen binden können?
Wir setzen auf unterschiedliche Konzepte. Unser Ziel ist, im Bereich Innovation Vorreiter zu sein. Unsere Mitarbeiter sind dabei unser wichtigstes Kapital. Wir haben daher eine klare Mission: Künftig soll der Name Silbury für den besten Arbeitgeber der Region stehen. Wir wollen, dass unsere Mitarbeiter zu jeder Zeit vollumfänglich informiert sind. Angefangen von einer Unternehmenskultur, die jedes Thema abteilungsübergreifend und sehr offen anspricht. Über monatliche Ver-

sammlungen, bei denen über alle Entwicklungen rückblickend und vorausblickend gesprochen wird, bis hin zu einem sehr schnellen und effizienten Feedbacksystem. Bei uns lauten entsprechende Formulierungen im Mitarbeitergespräch beispielsweise nicht: *„Warum hast Du das nicht geschafft?"*, sondern *„Wie können wir die Abläufe zukünftig besser gestalten?"*. Des Weiteren haben wir natürlich in der IT-Landschaft Systeme geschaffen, die eine sehr enge Kommunikation ermöglichen. Wir arbeiten bevorzugt mit verschiedensten Plattformen wie Intranet und Chatsystemen. Zum Beispiel setzen wir Slack ein, um sehr schnell miteinander kommunizieren zu können. Es handelt sich dabei um ein vielschichtiges Chatsystem, das relativ neu auf dem Markt ist. Wir haben damit extrem gute Erfahrungen gemacht.

Natürlich haben wir auch ein aktives und modernes Management, z.B. eine Feel-Good-Managerin. Große IT-Unternehmen haben das vielleicht auch, versuchen aber oft, ihre Mitarbeiter möglichst lange im Unternehmen zu halten und zwar nicht in Firmenzugehörigkeit gemessen, sondern in Bezug auf die tägliche Arbeitsleistung. Unsere Strategie ist, auf echte Vertrauensarbeitszeit zu setzen. Jeder Mitarbeiter verbringt bei uns aber natürlich trotzdem viel seiner täglichen Zeit, dementsprechend möchten wir eine Umgebung schaffen, in der er sich wohlfühlt und die sehr gut funktioniert. Jeder soll zur Verfügung haben, was er für seine tägliche Arbeit braucht. Dafür ist auch unsere Feel-Good-Managerin zuständig. Die Büroräume sollen effizientes Arbeiten ermöglichen, aber gleichzeitig inspirierend wirken und die Kreativität fördern. Wir organisieren auch gemeinsame Aktionen und Events, um den Zusammenhalt in der Belegschaft zu stärken. Zum Beispiel an Halloween: Die Mitarbeiter kommen zur Arbeit und als kleine Überraschung gibt es mittags Kürbissuppe und jeder hat ein kleines „Trick or Treat" Präsent am Arbeitsplatz stehen. Solche Aktionen führen wir immer wieder durch, um den Arbeitsalltag spannend zu halten, die Mitarbeiter zu begeistern und für eine schöne Arbeitsatmosphäre zu sorgen.

Welchen neuen Herausforderungen müssen Sie sich als Unternehmensführung bezüglich der Generationen Y und Z stellen?
Die neuen Generationen an Mitarbeitern, die in unser Unternehmen kommen, sind es aus dem privaten Umfeld gewohnt, ganz anders zu kommunizieren und zu handeln als Personen, die nicht mit den entsprechenden Technologien (wie zum Beispiel Facebook, Twitter, Skype und Instant Messaging) aufgewachsen sind. Mitarbeiter aus der Generation Y oder Z sind es gewohnt, schnell und unkompliziert zu kommunizieren. Vielleicht antworten sie auch mal nur mit einem Satz, aber dafür können sie sich von der Aufmerksamkeitsspanne sehr schnell wieder neu positionieren. Etwas, was bei älteren Mitarbeitern eher ungewöhnlich war. Solche Verhaltensweisen sind bedingt durch den täglichen Gebrauch von Social-Media-Netzwerken und Instant Messaging Diensten.

Die jungen Generationen sind eben mit diesen Technologien aufgewachsen. Sie sind es dadurch aus ihrem Alltag gewohnt, IT-Lösungen vorzufinden, die wahnsinnig gut funktionieren und die ihre Anforderungen perfekt erfüllen.

Mit diesem Erfahrungsschatz kommen sie dann in ein Unternehmen und finden dort häufig alte Software-Lösungen und langsame Kommunikationswege vor. Damit kommen sie dann natürlich nicht zurecht. Junge Mitarbeiter haben aufgrund ihrer persönlichen Erfahrungen andere Vorstellungen, und diesen Herausforderungen muss ich als Unternehmer begegnen, wenn ich diese Mitarbeiter begeistern und an das Unternehmen binden möchte. Natürlich kann ich versuchen, die junge Generation in die etablierten Strukturen einzuzwängen – ich kann das aber auch als Chance sehen und Möglichkeiten schaffen, dass meine Mitarbeiter sich entsprechend entfalten können. Das muss ich einfach berücksichtigen und entsprechende Kommunikationswege, Systeme und Prozesse schaffen, die dies auch ermöglichen. Ansonsten besteht die Gefahr, dass sich solche Mitarbeiter nicht gut integrieren und das Unternehmen schnell wieder verlassen. Das ist nicht unser Ziel.

Welche neuen Anforderungen gibt es aber auch an die Mitarbeiter?
Es gibt einen viel größeren Anspruch an Innovation und an Fortbildung. Wir brauchen Mitarbeiter, die bereit sind, sich permanent weiterzubilden und zu informieren. Bestehende Strukturen sollen nicht einfach als gegeben hingenommen werden, sondern müssen ständig hinterfragt und weiterentwickelt werden. Wir leben in einem konstanten Prozess immer schneller werdender Veränderungen und Verbesserungen – sowohl im Unternehmen intern als auch extern mit unseren Kunden. Sie haben es ja in Ihrem ersten Buch ganz treffend formuliert: Früher haben große Unternehmen die kleinen gefressen, heute fressen schnelle Unternehmen die langsamen. Das ist ein ganz wesentlicher Punkt, der eine immer stärkere Relevanz bekommt. Wir fordern daher auch Innovation innerhalb unserer Belegschaft, intern wie extern. Wir wollen unseren Kunden immer aktuelle Themen anbieten können, und daher können wir uns nicht mehr nur auf dem Etablierten ausruhen. Das ist auch eine Anforderung an die Mitarbeiter, die regelmäßig gestellt werden muss. Nur dann wird man meiner Meinung nach auch in der Zukunft bestehen können.

Wie fördern Sie diese Innovationen aus dem Kreis ihrer Mitarbeiter heraus?
Das erste, was wir tun: Wir informieren sehr frühzeitig über alle zukünftigen Entwicklungen. Bestes Beispiel: Wir werden im November/Dezember in ein neues Büro umziehen. Bereits ein Jahr zuvor haben wir unsere Mitarbeiter informiert und

sie direkt gebeten, dass Dinge, die berücksichtigt werden sollten, eingebracht werden. Wir sagen aber nicht – wie es häufig gemacht wird – sendet uns einfach eure Idee. Wir streben einen Dialog an, sowohl in unseren regelmäßigen Mitarbeiter Updates, in denen wir über aktuelle Entwicklungen sprechen, konkrete Fragen stellen und uns Rückmeldung einholen, wie auch über Open-Innovation. Bei uns gibt es dafür ein spezielles Bar-Camp-Format. Ein Bar-Camp ist eine sogenannte Un-Konferenz, also eine Konferenz ohne festes Programm. Das funktioniert folgendermaßen: Wir haben pro Jahr vier Tage festgesetzt, an denen alle Mitarbeiter frühmorgens vor einem leeren Whiteboard zusammen kommen, auf dem nur Räume und Zeiten stehen. Jeder darf dann ganz frei sagen, über was er heute sprechen möchte. Das kann zum einen ein fachlicher Austausch sein, es kann aber auch darum gehen, wie wir gemeinsam unser neues Büro besser gestalten können. Dann finden sich alle Leute, die sich für ein Thema interessieren, in dem entsprechenden Raum ein und dort wird dann ganz offen auf Augenhöhe diskutiert. Bei Themen, die gute Resultate liefern, entstehen daraus kleine Projekte, die dann von den Mitarbeitern abteilungsübergreifend vorangetrieben werden.

Welche Rolle spielt Ihre Unternehmenskultur für den Erfolg?
Unser Unternehmen definiert sich sehr stark über die Unternehmenskultur, die wir auch leben. Wir stehen für ein offenes und faires Miteinander auf Augenhöhe, sowie für eine permanente Innovation. Aber egal welchen Führungsstil, welche Werte und welche Unternehmenskultur ein Unternehmen hat, das Wichtige ist, dass es konsistent ist. In der Kommunikation nach innen und außen, aber auch in den Handlungen.

Wenn ich Mitarbeiter mit dem Versprechen einer bestimmten Unternehmenskultur anwerbe, diese aber nicht im Unternehmen lebe, werde ich unglaubwürdig. Dann wird es schwer, diese Mitarbeiter im Unternehmen zu halten, auch kurzfristig. Die Generationen Y und Z reagieren nach meinen Erfahrungen viel sensibler und direkter auf solche Inkonsistenzen und machen das auch viel klarer kund. Um langfristig erfolgreich zu sein, sind wir aber gerade – und ich denke das geht allen Unternehmen so – auf die jungen Mitarbeiter angewiesen. Das bedeutet, wenn ich als Unternehmen Werte definiere, muss ich diese auch konstant leben und vorleben.

Wie sieht in Zukunft der perfekte Arbeitsplatz aus?
Die Arbeitswelt wandelt sich so schnell wie nie zuvor in der Geschichte. Heute muss ein Arbeitsmodell flexibel sein, um erfolgreich zu werden. So hat Siemens beispielsweise mit dem Umbau der Konzernzentrale in München ein neuartiges Konzept zur Umgestaltung des Arbeitsumfelds umgesetzt, das die Motivation und Kreativität der Menschen im Unternehmen fördern soll. Unter dem Namen "Siemens Office – New way of working" soll das Konzept den Arbeitsplatz der Zukunft vor allem für die Generation Y attraktiver werden lassen. Nine to five Jobs im verstaubten Büro ist bei den umworbenen GenY Arbeitnehmern out. Einen festen Arbeitsplatz hat bei Siemens in Zukunft kaum noch jemand. Bis zu 20 Prozent der Arbeit darf von Zuhause erledigt werden. Die neuen Formen der Arbeit und die Ansprüche der jungen Generationen stellen auch ganz neue Herausforderungen an die Ausgestaltung der Arbeitsplätze. Während Siemens auf einen Hauch von Silicon Valley Feeling setzen, ist eine eigene Immobilie als Firmensitz für viele Firmen schon längst kein Muss mehr.

Der Trend geht klar zu flexibleren Lösungen. Und genau das ist es, womit sich Unternehmen wie Design Offices – The Brand Location beschäftigen. Sie gestalten die Arbeitswelten von morgen und ermöglichen ihren Kunden damit die nötige Flexibilität, um auch in Zukunft erfolgreich zu sein. Die Räumlichkeiten, die Unternehmen beispielsweise je nach Bedarf bei Design Offices mieten können, ermöglichen es den Unternehmen, schnell auf Veränderungen und Marktsituationen reagieren zu können. Sie verschaffen aber nicht nur zusätzliche Spielräume, die Ausgestaltung ermöglicht auch eine besonders effiziente Arbeitsweise.

Wie viele Studien belegen, hat ein angenehmes Arbeitsumfeld großen Einfluss auf Leistungsfähigkeit und Motivation der Menschen. [41] Und die Leistungsfähigkeit eines Unternehmens hängt gerade bei der Wissensarbeit entscheidend von der Motivation der Mitarbeiter ab. Daher ist es für Unternehmen heute wichtiger denn je, die Mitarbeiter auch emotional an sich zu binden.[42] Die Unternehmensberatung Gallup untersucht seit 2001, wie es um den Faktor Mensch in deutschen Unternehmen bestellt ist. Der Engagement Index gilt als renommierteste und umfangreichste Studie zur Arbeitsplatzqualität. Auf Basis der neuesten wissenschaftlichen Erkenntnisse wurde die Design Offices Methode mit vier verschiedenen Arbeitsweisen entwickelt. Für jede gibt es spezielle Raumangebote, zwischen denen man auch flexibel hin- und herwechseln kann: Focus, Education, Collaborate und Socializing. Neben hochwertiger Ausstattung und moderner Infrastruktur bekommen die Kunden gleichzeitig ein umfangreiches Serviceangebot bis hin zum Catering. Die Unternehmen können sich so auf ihre Kernkompetenzen konzentrieren.

Solche flexiblen Lösungen dürften in Zukunft noch stärker nachgefragt werden. Der technische Fortschritt und neue Kommunikationsmethoden ermöglichen es, dass Teammit-

---

[41] Frauenhofer-Institut für Arbeitswirtschaft und Organisation IAO, Die Rolle der Arbeitsumgebung in einer hyperflexiblen Arbeitswelt: Ergebnisse aus dem Verbundforschungsprojekt Office 21

[42] Marco Nink, Engagement Index: Die neuesten Daten und Erkenntnisse aus 13 Jahren Gallup-Studie.

glieder vielleicht hunderte Kilometer voneinander entfernt sitzen und trotzdem an denselben Projekten arbeiten.

Die Führungskultur muss nachziehen

Die rasante technologische Entwicklung, flexible Projektarbeit, neue Arbeitsplätze, neue Formen der Kommunikation, die allgegenwärtige Vernetzung sowie auch der immer deutlicher werdende Fußabdruck der jungen Generationen beeinflussen die künftige Arbeitswelt. Insbesondere die Führungskräfte in den Unternehmen müssen sich mit den veränderten Herausforderungen beschäftigen, wenn ihr Unternehmen von der Arbeitswelt 4.0 profitieren soll. Die zunehmende Verbreitung virtueller Teams bedeutet dabei auch gänzlich neue Herausforderungen für die Führung von Personal. Laut einer Untersuchung der Telekom scheitern heute noch etwa 70 Prozent aller virtuellen Teams. Aber woran liegt das? *„Virtuelle Teams tendieren heute leider immer noch dazu, die bequemste und damit traditionellste Lösung zu bevorzugen – die E-Mail"*, schreibt die Autorin Eva B. Müller dazu in ihrem Buch „Innovative Leadership. Die fünf wichtigsten Führungstechniken der Zukunft."

Die Digital Natives sind dagegen schon vernetzt aufgewachsen, sie haben es verinnerlicht, dass dank sozialer Netzwerke und Instant Messaging Diensten Kommunikation zu jeder Zeit, an jedem Ort und auch außerhalb fester Strukturen funktioniert. Bis 2025 werden Schätzungen zufolge über 5 Milliarden Menschen mittels Laptop, Smartphone oder Tablet miteinander verbunden sein. Die Geschwindigkeit, mit der neue Informationen generiert werden, wird dadurch exponentiell ansteigen. Klassisches Denken mit starren Kommunikationswegen, Hierarchien sowie Anwesenheits- und Anweisungskulturen müssten daher in einen lebendigen Netzwerkorganismus überführt werden, forderte beispielsweise Premal A. Desai, Head of Corporate Development der ThyssenKrupp AG, schon 2011 in der Studie „Unternehmensführung 2030", die die Personalberatung Signium International mit dem Zukunftsinstitut Matthias Horx erstellt hat.

Auch wenn der Vorwurf, die Generationen Y und Z seien verwöhnt und hätten keine Loyalität mehr gegenüber ihrem Arbeitgeber, bei näherer Betrachtung kaum belastbar scheint, so müssen sich die Unternehmen heute dennoch mit den neuen Anforderungen an Führungskultur und Personalentwicklung auseinandersetzen, wenn sie für junge hochqualifizierte Arbeitnehmer attraktiv bleiben wollen. Die Verallgemeinerung, die von vielen Medien bei diesem Thema allerdings oftmals betrieben wird, grenzt dabei fast schon an Rassismus auf einer chronologischen Ebene. Dennoch müssen sich Führungskräfte auch an neue Anforderungen gewöhnen. Der Mythos vom einzelnen herausragenden Manager zerbröckelt dabei zusehends. *"Unternehmen von morgen brauchen keinen Helden als Führer, an dem sich alle orientieren. Komplexität und ständige Veränderung überfordern einen einzelnen Menschen"*, sagt der Zukunftsforscher Matthias Horx. An die Stelle eines herausragenden Unternehmenschefs treten bunt gemischte Manager-Teams. Die Hierarchie- und Anweisungskultur wird sich aus großen Teilen der Wirtschaft verabschieden, prophezeit Horx. Die Zukunft gehört agilen offenen Netzwerken.

Das sogenannte Network-Leadership gilt daher wohl als das aussichtsreichste Führungsmodell der Zukunft: In Zeiten zunehmender Information, Komplexität und Vernetzung wird Networking und Projektarbeit für Unternehmen vor dem Hintergrund der Trendwende zur Projektwirtschaft zum lebenswichtigen Instrument. Projektarbeit ist Triebfeder für Innovationen in der Wirtschaft. Mit dieser Organisationsform können Unternehmen gut auf die immer schneller wechselnden Anforderungen des Marktes reagieren. Netzwerke und Teams entstehen dabei je nach Anforderung. Mit klassischen hierarchischen Strukturen bremsen sich Unternehmen jedoch selbst aus. Geführt wird in Zukunft abhängig von der Aufgabe und dem Ziel. Die erfolgreichen Projektleiter von morgen sind dabei die gut vernetzten Millenials. Führungsverantwortung ist für sie nichts, was für die jungen Generationen unweigerlich mit einer Person verbunden ist. Führungseignung wird mehr an Taten als an Titel geknüpft. In der sich permanent weiterentwickelnden neuen Arbeitswelt 4.0 muss sich eben auch die Chefetage jeden Tag aufs Neue fachlich und inhaltlich beweisen.

Fazit: 7 Dinge, die sich in der neuen Arbeitswelt verändern werden

- Flexible Arbeitszeitmodelle, gute Vereinbarkeit von Freizeit und Beruf und neue Arbeitsplatzkonzepte werden die Arbeitswelt 4.0 dramatisch verändern.
- Getrieben von technologischen Entwicklungen wie WhatsApp oder Slack verändert sich zunehmen auch die Art und Weise, wie wir im Beruf miteinander kommunizieren.
- Die Ansprüche junger Arbeitnehmer aus den Generationen Y und Z verändern die Spielregeln für Unternehmen und Personalverantwortliche.
- Damit Arbeitnehmer in diesen technologisch geprägten Arbeitswelten erfolgreich sein können, müssen sie ihre technologischen Fähigkeiten mit Eigeninitiative, Kreativität und einer unternehmerischen Grundhaltung kombinieren lernen.
- Aber auch die Markenbotschafter und Unternehmer müssen sich mit neuen Führungskonzepten an die veränderten Umstände anpassen, wenn sie auch in Zukunft wettbewerbsfähig bleiben möchten.
- Wissensarbeit und lebenslanges Lernen werden in der Zukunft unseren Arbeitsalltag dominieren.
- Alte Anreizsysteme mit hohen Gehältern und Statussymbolen kommen vor allem bei den jungen Generationen immer schlechter an. Erfolgreiche neue Konzepte setzen auf andere Motivationssysteme wie Gamification oder Freizeit zur Belohnung.

3 No liars, more events: Sharing, Wir-Kultur und Markenerleben bei GenYZ

Braucht GenY Marken?

„Glaube dem Leben: Es lehrt besser als Redner und Buch."
Johann Wolfgang von Goethe (1749-1832)

Wir haben bereits erfahren, dass sich die Handschrift von GenY dadurch auszeichnet, möglichst viele Optionen zu haben, offen und flexibel zu sein, aber stets selbstbestimmend zu wählen, ob Angebote für sie attraktiv sind oder nicht. Prinzipiell gilt das für alle Menschen. Keiner will vorgegeben bekommen, wie er sich zu verhalten hat. Aber die Multioptionalität ist eine generationentypische Herangehensweise und trägt die Handschrift der Ypsiloner. Und auch das ständige Hinterfragen, Teilen und Ausdiskutieren. What's in for me? Solche Grundeinstellungen haben selbstverständlich auch Auswirkungen auf das Erleben von Marken. Und die Markenloyalität.

Aber gehen wir kurz ein paar Schritte zurück.
Die Literatur ist breit und vielseitig, wenn es darum geht zu beschreiben, was Marken ausmacht. Was das Besondere an Marken ist. Um nur eine von vielen Definitionen über Marke zu nennen: Für Heribert Meffert sind Marken, *„ein in der Psyche des Konsumenten verankertes, unverwechselbares Vorstellungsbild von einem Produkt oder einer Dienstleis-*

tung"[43]. Die Einzigartigkeit wird nach herkömmlicher Lehrmeinung stets in den Vordergrund gestellt. Marken müssen selbstähnlich sein, sie müssen sich „typisch" weiterentwickeln können in ihrer eigenen, wiedererkennbaren Gestalt[44]. Und sie müssen differenzieren, um nicht im Grauschleier unterzugehen – frei nach dem Motto „Differentiate or Die". Ist Selbstähnlichkeit oder Uniqueness nicht gegeben, so lieferte die klassische Marketing-Denke plausible Herangehensweisen, wie sich schwächelnde Marken wieder auf Kurs bringen lassen. Sei es über Pyramiden-Modelle, Brand Keys, Eisberge oder Steuerräder. In der Logik des Markensteuerrads beispielsweise wird nach Markennutzen (*Was bietet die Marke den Zielkunden?*), Markenattributen (*Über welche Eigenschaften verfügt eine Marke?*), Markenbild (*Wie tritt eine Marke über Corporate Design und Kommunikation auf?*) und Markentonalität (*Wie fühlt sich eine Marke mittels Beziehungsmerkmalen und Erlebnissen an?*) unterschieden[45]. Mittels dieser oder vergleichbarer Konstrukte soll das Wesen oder die Kompetenz einer Marke definiert werden, um möglichst attraktiv auf ihr Kundenpotenzial zu wirken.

Letztlich handelt es sich aber um Modellkonstrukte, die heuristisch oder Research-basiert eine optimale Beziehungsebene beschreiben. Um Modelle einer idealen Beziehung zwischen Marken und Menschen also, nicht um Realitäten. All diese Modelle stellen zudem mehr oder weniger stark die Marke in den Mittelpunkt. Die Marke ist das Maß aller Dinge.

---

[43] Heribert Meffert, Marketing. Grundlagen marktorientierter Unternehmensführung, 1998 (8), S. 785.

[44] Klaus Brandmeyer, Selbstähnliche Markenführung: Die Gestalt-Gemeinschaft und der Einzelne, in: Brandmeyer, Klaus/Deichsel, Alexander (Hrsg.): Jahrbuch Markentechnik 2000/2001, Frankfurt
a.M., 1999

[45] Das Markensteuerrad wurde von Icon Added Value entwickelt und von Franz-Rudolf Esch modifiziert. Ausführlich dazu: Franz-Rudolf Esch, Strategie und Technik der Markenführung, Verlag Vahlen, 2014 (8).

Nicht der Mensch, nicht der Konsument. Es wird folglich von einer „Strategie der Stärke[46]" ausgegangen: Je stärker und prägnanter eine Marke eine Kategorie dominiert, desto weniger angreifbar erscheint sie. Die „stärksten" Marken definieren als Markenmonopole Märkte, geben quasi über ihre Markensignale und Markenbotschaften den Takt vor, wie Verbraucher Märkte zu verstehen haben. Den Wettbewerbern bleibt letztlich nichts anderes übrig, als sich als beste Alternative (die Nr. 2) bei den Verbrauchern zu positionieren, sich in der Nische oder einer neu zu bildenden Subkategorie zu spezialisieren oder aber im Markt über Preispositionierungen zu überleben[47]. Ein einfaches Modell: Marke sendet, Verbraucher empfängt und reagiert. Actio gleich Reactio – ein scheinbar physikalisches Gesetz.

Starke Marken bieten zwar auch heute noch Verbraucherorientierung. Marktführer definieren in ihren jeweiligen Märkten immer noch Weltanschauungen und sind Ausdruck eines damit verbundenen Kategorienutzens: Coca Cola als Synonym für Cola, Red Bull als Category Player für Energy Drinks, Amazon als „der" globale Online-Versandhändler, Nutella steht für Originalität und Nutella – und eben nicht nur für Nuss-Nougat-Creme. Dasselbe gilt für Tempo, Bosch-Bohrer, McDonald's, Weber Grill, Ikea-Knut, iPhone (= Apple), Aspirin oder Viagra. Die „großen", starken Marken wecken über ihre Signale, Botschaften und Werthaltungen für uns Betrachter einfach zu dekodierende Erwartungen, was wir davon haben. Wir lernen dies von Kindheit an und integrieren solche Markenikonen in unseren Sprachalltag. Spielerisch, intuitiv. Wir spielten mit LEGO und nicht mit „Hartplastik-Systembausteinen".

---

[46] Al Ries, FOCUS (Deutsche Version: Die Strategie der Stärke), Düsseldorf, Econ, 1996.

[47] Peer-Holger Stein, Das Markenmonopol-Konzept: Wie man seinen Markt dominiert, Nürnberg, 1997.

Starke Marken setzen Ankerpunkte wie auch andere Signale des Alltags. Wie beispielsweise Verkehrsschilder, Ampelsignale, Regenschirme, Weihnachten, Oktoberfest, Flüchtlinge... Wenige Reize reichen aus, damit unser menschliches Gehirn die Situation unmittelbar für uns, für unser Wohlbefinden und damit auch für unser nachfolgendes Verhalten deutet. Marken markieren zunächst einmal. Sofern ihre Symbolik klar, verständlich und für uns attraktiv genug ist. Das gilt für die großen, „starken“ Marken einerseits, aber auch für die „günstigen“ Angebote. Die „clevere“ Alternative zu herkömmlichen Marken. Oettinger, eBay, ratiopharm, ALDI. Marken aber, die „dazwischen“ liegen und es nicht geschafft haben, sich in einer Subkategorie prototypisch zu positionieren[48], sind nach dieser aufgezeigten Logik Spielball und auf lange Sicht dem Untergang geweiht.

Soweit die Theorie früherer Denkmodelle.
Die Intention, sich mit der Beziehung zwischen Mensch und Marke zu befassen, eine solche Beziehungsebene positiv zu gestalten, sollte nach wie vor essenziell für alle Marketing-Aktivitäten sein. Aber Vieles von dem, was herkömmliche Lehrmeinung war, lässt sich heute nicht mehr uneingeschränkt halten. In vielen Branchen spielt die Marke nicht mehr die zentrale Rolle für Kaufentscheidungen, Orientierung an der „Einzigartigkeit einer Marke“ wird immer schwieriger und immer weniger glaubwürdig, die Loyalität des Verbrauchers für Marken sinkt seit Jahren – und die Bedeutung des Preises wird immer wichtiger. Oder kaufen Sie Klopapier in erster Linie nach Marke ein? Wissen Sie überhaupt, welche Marke aktuell auf Ihrer Klorolle hängt? Ist es immer dieselbe

[48] Selbst Red Bull hatte sich beim Verbraucher zunächst in der Nische unter den „aufputschenden“ Erfrischungsgetränken positioniert: Das besondere Design der Dose im Vergleich zur gewohnten („gewöhnlichen“) Cola-Dose, der unverkennbare Gummibärchen-Geschmack und die besonders aktivierende, „Flügel verleihende“ Wirkung machten diese Marke in den Augen der Konsumenten prototypisch unverkennbar und zu einem neuen Markenmonopol.

Marke? Aus immer derselben Einkaufsstätte? Der Verfall der Beziehungsebene zwischen uns Menschen und den Markenangeboten lässt sich für zahlreiche andere Kategorien oder Branchen beobachten: Versicherungen, Banken, Socken, Joghurt, Mineralwasser, Reiseanbieter, Wurstwaren, Spülmittel, Tankstellen, Porzellan, usw.. Entweder es herrscht Unübersichtlichkeit aufgrund vieler austauschbarer Angebote in sog. „Matsch-Märkten“ oder die Dominanz von Rabattaktionen, Preispromotions, Preiseinstiegsmarken. Zudem haben sich die Einstellungen der Kunden gewandelt. Und hierbei spielt der Einfluss der Generationen Y und Z eine immer nachhaltigere Rolle ...

Das größte Manko vieler „alter“ Markenmodelle ist, dass bei der Beschreibung und Ausgestaltung einer Markenbeziehung die Marke in den Mittelpunkt gerückt wurde – und nicht der Konsument oder Zielkunde[49]. Im Mittelpunkt der Betrachtung zu sein, gehört aber für die Ypsiloner zu deren zentralen Wesensmerkmalen. Mit dem Bedeutungszuwachs von GenY erfolgt auch bei den Konsumenten eine Revolution auf leisen Sohlen. Zunächst kaum spürbar, aber dennoch unausweichlich. Und das gilt in Konsequenz auch für Marken. Oder besser gesagt: Für die Interaktion zwischen Mensch und Marke. Alte „Ich-Marken-Strategien“ haben bei GenYZ auf kurz oder lang ausgedient! Genauso wenig wie bei diesen Generationen autokratische Erziehungsstile wirken, so wenig wollen sie sich von Marken „von oben herab“ belehren lassen. „Ich-Marken“ sprechen von der Marke herab zum Konsumenten, sagen ihnen über Kommunikation, was sie von Marken zu denken oder zu glauben haben.

[49] Vgl. Ohnemus a.a.O., S. 54ff

Eine Predigt wie von der Kanzel: Ich Marke, du Konsument! Einbahnstraßen-Marketing.

Old School einer wissensgeleiteten Marketing-Denke. Einer Denkweise, die von den Babyboomern perfektioniert wurde. Den Aufklärern, Denkern und Gestaltern eines neuen Zeitalters nach dem Weltkrieg: Wissen ist Macht. Über Bildung, Wissen und der Lust auf Veränderung konnte vieles für die Nachwelt gestaltet werden, konnte der individuelle Stempel einer ganzen Generation an die Nachwelt überliefert werden. Über Organigramm-Strukturen und Kausalmodelle. Auch für das Marketing. Diese Marketing-Schule wurde von den Babyboomern geprägt und von GenX weitgehend übernommen. Für GenY ist dieser Ansatz aber teilweise schon obsolet: Wissen ist weniger wichtig, per Touch-Funktion jederzeit und überall abrufbar, über die unterschiedlichsten Kanäle verfügbar. GenYZ möchte nicht nur über Werbung im Stile eines „Frontalunterrichts" belehrt werden, was sie von Marken zu glauben haben, sie möchten vielmehr selbst die Markenbeziehung mitgestalten. Ernst genommen werden von authentischen Markenpersönlichkeiten. Keine Ich-Marken mehr, sondern WIR-MARKEN. Sich selbst auf eine Markenbeziehung einlassen wollen. Mitunter unverbindlich, aber stets erlebnis- und kontextbezogen.

Deshalb haben es Marken heute auch ungemein schwerer, für nachwachsende Konsumentengenerationen das Maß der Dinge zu sein. Marken können Ankerpunkte setzen, müssen aber nicht kausal eine Relevanz für die Ausgestaltung ihres Lebensalltags haben. Marken unterstützen die Vielfalt. GenY liebt die Vielfalt und die Freiheit, über möglichst viele Optionen entscheiden zu dürfen. Wie bei der Auswahl der Urlaubsreisen, dem Auftragen des allmorgendlichen Make-ups je nach Situation und Stimmung, wie beim Kauf von Markenartikeln. Heute dies, morgen etwas anderes. Ungebunden sein.

Marken als Kontext unterstützende Orientierung, aber kein „Unbedingt haben müssen“. Immer eine Option haben.

In einem solchen Verbraucherumfeld haben Marken nur dann eine Chance für eine längerfristige Beziehung zu GenYZ, wenn es ihnen gelingt, immer wieder mit ihren Konsumenten in Kontakt zu kommen. Immer wieder meint nicht, immer wieder durch dieselbe Leier. Bedeutet nicht, immer wieder durch dieselbe Werbebotschaft. Vielmehr geht es um eine stetige Aktualisierung des Markenerlebens. Marken erleben heißt auch Erlebnisse zu teilen oder teilen zu wollen. Erlebnis ist dabei nicht nur auf den Begriff Tonalität zu reduzieren. Eine Werbung verfolgt eine Tonality. Eine Marke erleben zu können, ist aber eine ganzheitliche Marketing-Philosophie[50]. Nicht nur eine emotionalisierte Färbung der Markengestalt. Letztlich reagiert die Marke auf die Bedürfnisse der Menschen in den Sozialräumen, in denen sie sich bewegen. In den Situationen, die für die Menschen relevant sind, um sich mit ihr überhaupt beschäftigen zu wollen. Eine erfolgreiche Marke reagiert folglich immer stärker auf die Menschen – und weniger die Menschen auf die Tonality einer Marke. Durch die beständige Interaktion ist die Marke bemüht, den Lebensalltag der Menschen zu verbessern, aber niemals zu langweilen. Starke Marken sind Beziehungsmarken. Und Beziehungsmarken überraschen mitunter auch die Menschen, die ihr folgen wollen. Lebendige, erfrischende Erlebniskultur, die uns manchmal auch über die Marke staunen lässt.

---

[50] Uwe Munzinger, Marc Sasserath, Karl Georg Musiol: Im Zeitalter der Supermarken. Neue Paradigmen der Markenführung. Mi-Verlag München, 2010, S. 217 ff

Markenerleben wirkt dabei mehrdimensional und sollte auf unterschiedlichen Kanälen erlebbar sein[51]. Ausgangspunkte sind auf der einen Seite die Konsumenten und ihre Bewältigung des Lebensalltags. Auf der anderen Seite steht selbstverständlich auch die Marke. Aber eben nicht mehr als Organigramm-Matrix-Konstruktion oder verkopftes Brand Key-Regelwerk, sondern als Markenpersönlichkeit, deren Gestalt es mit den bereits angelegten Signalen, Botschaften und Anlässen auf den relevanten Touchpoints zu gestalten gilt. Gerade für die Generationen Y und Z mit deren vielseitigen Zugängen – vor allem auch online – bieten kontextbezogene Ansprachen Steilvorlagen für spätere Teilbarkeit. Teilen, Mitteilen, Sharing. Was für mich gut ist, kann auch für andere gut sein. Wenn ich „meine Freunde" über meine Erlebnisse in Kenntnis setze oder auffordere, auch dabei zu sein.

Je stärker es Marken gelingt, bei GenY soziale Nähe aufzubauen, desto intensiver und authentischer erfolgt das Markenerleben. Um Nähe zu generieren, bestehen zahlreiche Optionen. Regionalität ist eine davon. „Regional" ist wieder „in", nachdem vor allem Babyboomer den *„Muff der (gewohnten, tradierten) Talare"* abgeschafft hatten. Auch Tradition ist wieder „im Trend".

[51] Die Einzigartigkeit des Markenerlebens (= die Summe aller Kontakte einer Marke mit dem Menschen) ist dabei wichtiger als eine (krampfhaft umgesetzte) Differenzierung. Vgl. dazu: Uwe Munzinger und Christiane Wenhart, Marken erleben im digitalen Zeitalter, Springer Gabler 2012, S. 112ff

Zwar mehrheitlich weniger eine Tradition der alten Schule wie Eichenlaub, Pickelhaube, Volkslied und Preußentum, sondern eine neu interpretierte Tradition in Richtung Weihnachten mit Santa Claus, Halloween als neuen deutschen Event-„Feier“-Tag, alpenländischer Einrichtungsstil und ländliches Dekor[52], die Wiederentdeckung von Plüsch und Kuschel-Zubehör für das Erleben physischer und psychischer Wärme, u.v.m.. Mit regionaler Nähe, Neubewertung von Traditionen und dem Heroisieren von althergebrachter Handwerkskunst (u.a. Schreiner, Köche, Winzer, Brauer) gewinnen auch spezifische Anlässe immer mehr an Bedeutung: Kontexte definieren Konsumanlässe. Oder anders ausgedrückt: Je besser es Marken situativ gelingt, dass sie mit uns über Signale, Botschaften, Anlassoptionen in Beziehung treten, desto mehr erinnern wir uns an diese Marken und desto wahrscheinlicher ist auch irgendwann der Kauf.

[52] Die Zeitschrift LandLust hat sich im Zeitalter des „Immer-Weniger-Lesens“ fest als Illustrierte etabliert, die mit wenig Text, aber zahlreichen Bildern ein Idyll der Ländlichkeit und der „guten, alten Zeit“ suggeriert, was nicht nur den heutigen Best Agern gefällt, sondern im zunehmenden Maße auch den nachwachsenden Generationen – insbesondere, wenn Familie geplant oder gelebt wird.

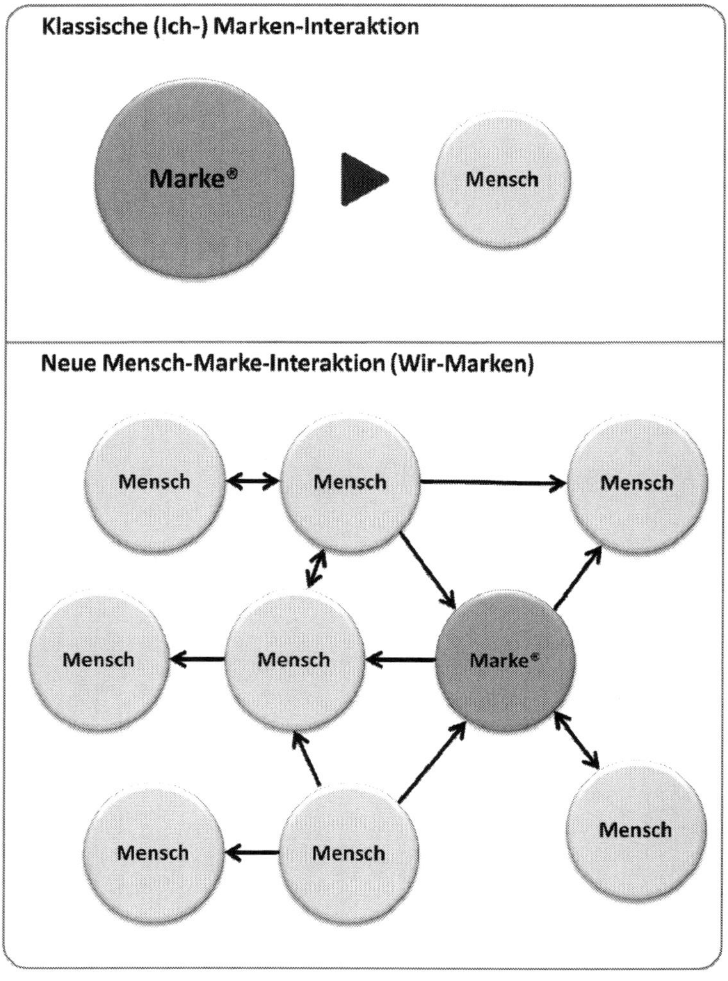

Abbildung 4: Markenbeziehung im Wandel

Einen wirklich revolutionären Wandel der Verbraucheransprache vollzog die Marke Coca Cola. Eigentlich eine klassische Ich-Marke. Aber mit der globalen Zunahme von GenY in den für Cola zentralen Alterszielgruppen zwischen 10 und 30 Jahren erfolgte ein Umdenken in der Verbraucheransprache. Um das neue (globale) Lebensgefühl der Generation Y anzusprechen, verfolgte Coca Cola seit 2008 einen konsequenten Weg; „Happiness" wurde in den Vordergrund gestellt, Coke bot „nur" die Inszenierungsplattform: Share Your Coke, Share Your Happiness! Sharing-Kultur mit Coca Cola wurde zelebriert, daneben wurde zeitweise das Etikett individualisiert: Eine radikale Abkehr der Marke von ikonografischen Merkmalen. Nicht die Marke ist im Mittelpunkt, sondern das Individuum (= der Verbraucher). Maximierung des Markenerlebens durch größtmögliche Individualisierung der Erlebnisse! Auch begann Coca Cola die kommunikative Ansprache stärker zu regionalisieren (z.B. über Weihnachtsbotschaften wie „Frohe Weihnachten für alle Bamberger") und war deutlich präsenter auf regionalen Großereignissen und Events der jungen Zielgruppe. Coca Cola als Rahmen für unvoreingenommene Happiness in der GenY – jeder kann dabei sein, jeder ist willkommen! Dem Zeitgeist wurde entsprochen und Coca Cola wandelte sich von einer klassischen Ich-Marke zu einer Wir-Marke (vgl. Abb. 4).

Was die emotionale Ansprache von GenY anbelangt, wurde von Seiten Coca Colas alles richtig gemacht. Die Erwartungen in Atlanta gingen dennoch nur bedingt auf, denn seit Jahren stagnieren die Umsätze und die Bedeutung Europas für den Cola-Markt sinkt weiterhin. Auch performte „Coca Cola-Life" nach Einführung nur mäßig – obwohl „grünes Food" voll im Trend bei Generation Y ist. Die öffentlichen Diskussionen über Fettleibigkeit und *„Zucker als den neuen Tabak"* (laut Renate Künast, MdB, Die Grünen) sind aber genauso Themen der alles hinterfragenden Generation Why: Wenn Produkte nur bedingt halten können, was sie versprechen, werden sie sehr schnell als Mogelpackung im Sinne „not for me“ abgetan.

Mit „Taste the Feeling“ erfolgte Anfang 2016 eine Kurskorrektur in der globalen Verbraucheransprache von Coca Cola. Laut Chief Marketing Officer Marcos de Quinto wird das positive Lebensgefühl der Sharing-Kultur weiterhin ausgestrahlt, aber dem Produkt selbst wird wieder mehr Raum gelassen[53]. Die Lebensoffenheit von GenY bleibt weiterhin die Bühne der Marke, mit der stärkeren Betonung der Produktvorteile wird aber die Marke wieder zum Hauptdarsteller. Denn GenY will nicht nur Spaß, sondern sucht ständig nach Authentizität und Sicherheit, was Coke nun bieten möchte. „Only Happy People“ ging letzten Endes zu weit. Dass die kritischen Konsumenten von GenYZ nach der kommunikativen Neuausrichtung mehr Cola trinken werden, wird wohl dennoch Wunschdenken des Managements bleiben. Aber Coca Cola ist in jedem Fall weiterhin in der Jugend präsent und sucht den Dialog mit den nachwachsenden Konsumenten. Mittlerweile Generation Z...

Der Weg von Coca Cola hat gezeigt, dass selbst globale Markenmonopole um jeden einzelnen Verbraucher kämpfen müssen. Und selbst wenn es gelingt, Konsumenten der GenYZ über verschiedenartigste Erlebnisse, Events und Kontaktpunkte anzusprechen, ist die Bewertung des Erfolges abhängig von der Sichtweise der Betrachtung. Erfolgreich, wenn die Sympathie und die Erhöhung der Käuferreichweite (z.B. nach erfolgter Etikettenindividualisierung) im Vordergrund stand.

---

[53] Originalzitat von Marcos de Qinto: *„We've found over time that the more we position Coca-Cola as an icon, the smaller we become. The bigness of Coca-Cola resides in the fact that it's a simple pleasure – so the humbler we are, the bigger we are. We want to help remind people why they love the product as much as they love the brand." (Quelle: http://www.xing-news.com/reader/news/articles/175521?newsletter_id=10626&xng_share_origin=email vom 19.01.2016*

Wenig erfolgreich, wenn Marktwachstum, Umsätze und Werbeausgaben im Blickfeld stehen. Die radikale Zielgruppenansprache unter Beachtung der Bedürfnisse von GenYZ regte aber weitere bewährte Markenartikler zum Nachahmen oder Neubewerten an. Der prominenteste CC-Nachahmer war sicherlich Nutella: Auch hier erfolgte eine Individualisierung über die Verwendung von Vornamen im Nutella-Schriftzug am Glas. Viele andere Markenartikler verfolgen zudem eine anlassbezogene Zielgruppenansprache, nutzen einen generationenübergreifenden Sharing-Ansatz (wie z.B. „Haribo macht Kinder froh und Erwachsene ebenso" und Fressnapf mit „Happier Pets – Happier People") oder profilieren sich über besondere Genuss-Momente („Ich und mein Magnum" = Wir). Dabei sind Produktmarken mit Zeigerfunktion für Branchen oder Kategorien prinzipiell im Vorteil. Sie liefern oftmals schon gelernte Markierungen, sind im sozialen Raum präsenter, haben mitunter auch mehr Kontaktmöglichkeiten. Oder sie verfügen über eine einmalige Produktrezeptur (Nutella, RedBull, Coca Cola), ein unumstößliches Leistungsversprechen (IKEA, H&M, Tesla, Pattex), einen Vorteil oder eine Neuigkeit. Generation Y sucht stets nach „News", über die sie sich gerne in ihrem Umfeld austauschen und profilieren wollen.

Schwierig wird es aber für Marken, die „grau" oder blass wirken: Marken, die es zwar gibt, die letztlich aber nur die Vielfalt und Wahlmöglichkeiten erhöhen. Um die GenYZ keine Träne verschwenden würde, sollen sie von der Bildfläche verschwinden. Es gibt dann eben irgendwann wieder andere Player. In Zeiten mit Botschaften von „Ich bin doch nicht blöd" und „LiDL lohnt sich", in denen der Preis vor Marke regiert bzw. Smart Shopping und der Kauf von me-toos häufiger die Regel ist, wird es für Platzhirsche ohne Mehrwert immer schwieriger, die Gunst der neuen Käufergenerationen langfristig zu erwerben. Das gilt besonders auch für diejenigen Marken, die vorgeben, eine ganze Kategorie zu prägen, und später in Ungnade fallen. VW – Das Auto. Eine Marke, eine Kategorie. Noch dazu in eine Kategorie wie den PKW, die für GenY nicht mehr im selben Maße identitätsstiftend ist wie in den Generationen zuvor. Glaube versetzt Berge, GenY möchte auch durchaus Werten und (Marken)Vorbildern glauben. Und diese teilen. Anderen mitteilen. Genauso wie Lügen und Falschaussagen. Hochmut steht vor dem Fall. Besonders bei den Ypsilonern.

Ich-Marken auf dem Weg in die Sackgasse

„Je höher der Affe steigt, je mehr er den Hintern zeigt."
(Afrikanisches Sprichwort)

GenYZ lieben Wahlmöglichkeiten. Marken unterstützen dieses Konsumverhalten. Neuigkeiten und (gefühlte) Innovationen tun das noch besser. Mit dem Nachteil, dass etwas, was heute „neu" ist, „voll im Trend" liegt, morgen auch schon wieder „out" sein kann. Trends kommen, Trends gehen. Marken sind da schon beständiger. Aber gebraucht werden Problemlösungen und Angebote, die exakt in der passenden Situation für die Ypsiloner die passende Lösung bieten. Ganz konkret: Marken braucht GenY eigentlich nicht. Zumindest nicht in der Unübersichtlichkeit und Austauschbarkeit von heute. Aber Marken brauchen Konsumenten. Und für neue Konsumentengenerationen müssen sie mehr tun.

Die Lorbeeren der Vergangenheit reichen oftmals nicht aus, um die Ypsiloner für Marken zu begeistern. „Wir waren einst die größte Marke und eine Marke, die aus der Gesellschaft nicht wegzudenken war" – sagt die Marke. GenYZ dekodiert solche Aussagen schnell und pragmatisch: Der Fokus liegt auf den Worten „WAR" und „EINST". Belehrender Historismus, Selbstbeweihräucherung, ein „Sich-Selbst-auf die-Schultern-

Klopfen", alles Eigenschaften, mit denen nicht sonderlich gut bei den Millenials gepunktet werden kann. Zudem fragt sich Generation Why:

- Warum hattet ihr in der Vergangenheit Erfolge und nicht mehr heute?
- Seid ihr heute „out"?
- Wozu sollten wir auf Marken aus der Vergangenheit zurückgreifen?
- Was bietet uns diese Marke, was andere Optionen nicht schon genauso tun?
- Warum sollte ich mich überhaupt in meiner Optionsfreiheit einschränken lassen?
- Was macht diese Marke „besser"?
- Gibt es einen Beweis dafür?

Das implizite Hinterfragen macht es für die Markenkommunikation nicht leicht. Schöne, emotionale (= platte) Bildwelten helfen bei konkreten Entscheidungen über Produkte oder Dienstleistungen ebenso wenig wie Botschaften im Komparativ oder Superlativ ohne nachweisbaren Beleg. Der Proof ist wieder wichtig geworden. Lange Zeit galten Reason Why- oder Reason-to-Believe-Argumente als langweiliges, notwendiges To Do einer sinnstiftenden Markenführung. Nun rücken solche Aussagen bei GenYZ wieder stärker in den Blickpunkt: Sie belegen schließlich, dass werbliche Emotionalisierungen die Leistungsversprechen tatsächlich einhalten. Über Nachweise, Vergleiche, Vorteile, Auszeichnungen...

Auszeichnungen von Marken sind für GenY unbedeutend, wenn diese als Pokale oder Zertifikate in irgendwelchen Vitrinen des Herstellers verstauben. Anders aber, wenn Auszeichnungen sinnstiftend die Markenwelt oder den Nutzen für die Konsumenten unterstreichen. Über verschiedene, eigene Marktforschungsstudien wissen wir, dass Siegel auf Verpackungen einen stärkeren Impuls bei Verbrauchern auslösen als Verpackungen ohne Siegel. Siegel und Auszeichnungen wirken dabei umso besser, je klarer der Mehrwert für die Produkte ist, die ausgezeichnet wurden.

In einem Zeitalter des „Immer-weniger-Lesens“ hilft eindeutige Symbolkraft: Etwa das „V“ für vegetarische Lebensmittel, das durchgestrichene Weizenkorn für „glutenfrei“, das Siegel „Öko-Test“ (was z.T. besser und nachhaltiger bei Verbrauchern wirkt als das „normale“ Stiftung Warentest-Siegel), oder European Beer Star-Gewinner. Schwieriger wird es für schnell lesende Verbraucher wie GenYZ aber, wenn sie sich einer schieren Siegelflut gegenüberstehen. Bio-Siegel sind mittlerweile so vielfältig, dass Verbraucher nicht mehr durchblicken und „vegan“ für Ypsiloner quasi das neue „Bio“-Siegel darstellt. Auch DLG-Auszeichnungen: Was ist das? Deutsche Leistungsgesellschaft? DLRG? – für den nachwachsenden Konsumenten Koordinaten ohne Achsensystem. Und es geht weiter: Mehrweg-Symbolik unbekannt. Junge Konsumenten wollen zwar „Gutes für die Umwelt“ tun, bewerten aber Einweg-Gebinde wie Mehrweg. Schließlich tragen sie ja die Plastikflaschen zu ALDI & Co., verschreddern sie dort und erhalten für ihr „Pfand“ das Geld zurück. Einfache Heuristiken für den Alltag! Siegel-Verständnis gleich null. Zu komplex, unklare Symbolik, keine schnelle Dekodierung.

Auszeichnungen – sofern sie verstanden werden – können durchaus ein Mittel der Kommunikation mit jungen Verbrauchern sein. Auszeichnungen liefern zunächst einmal Sicherheit über ein Produkt, eine Marke, eine Dienstleistung. Und die an ihrer eigenen Sicherheit orientierten Ypsiloner nehmen gerne solche „Garantien“ für sich mit. Zuckerfrei, garantiert keine Gen-Manipulation, 100% aus heimischer Landwirtschaft, Fair Trade, Original Bayrisch – sofern Bayern und „aus den Alpen“ positiv aufgeladen sind. Kommunizierte Regionalität wirkt dabei prinzipiell positiv, liefert dem kritischen Y-Verbraucher (aber auch den älteren Zeitgenossen) einen

Anhaltspunkt, dass die Produkte „aus der Region" stammen. Auch der Handel hat diesen Zeitgeist entdeckt, weshalb zahlreiche Regionalkonzepte auf Eigenmarken des Handels ausgerollt wurden. Regional „verkauft", liefert Sicherheit, wirkt wie ein Siegel für „Nähe". Der Verbraucher verbindet damit entweder konkrete Regionen (Bayern, Allgäu, Schwarzwald, Nordseeküste) oder eine einfache Faustregel, dass „regional" im Umkreis von rund 100km meint. Dumm, wenn der kritische Ypsiloner einmal erfahren würde, dass viele Regionalmarken-Konzepte des Handels sich als Mogelpackung herausstellen würden: Rechtlich darf „regional" breiter gefasst werden, als es der Verbraucher glauben würde. Würde das im Hinblick auf zahlreiche, „schwarze" Schafe der Handelsmarken publik gemacht werden, wäre ein Shitstorm gegenüber „verleumderischen" Absichten des Handels sicher!

Siegel wirken. Subtil, aber sie wirken. Sie geben Sicherheit bei Wahlentscheidungen. Wenn Ypsiloner (und auch alle anderen Konsumenten) Siegel nicht verstehen, dann lassen diese sie kalt. Und sollten sich Siegel als „Lug & Betrug" erweisen, dann können Ypsiloner ganz schnell reagieren: Sie teilen dann diese „Schande" ungeschminkt mit Gleichgesinnten. Kleine Zeichen und Symboliken wirken mitunter nachhaltiger als marktschreierisches Geplärre. Stehen solche Zeichen auch noch im Einklang mit der Markenpersönlichkeit und der Werthaltung eines Unternehmens, dann unterstützt das die Authentizität. Dann sind auch die werbekritischen Ypsiloner eher bereit, mehr über eine Marke erfahren oder entdecken zu wollen.

Denn eines zieht sich bei GenYZ durch: Sie wollen unter keinen Umständen bevormundet werden. Zwar gibt es auch für sie Marken-Ikonen. Das bedeutet aber noch lange nicht, dass sich GenY ausschließlich aufgrund von Werbeaussagen langfristig auf eine Marke einlässt. Orientierung – ja. Sklavische Bindung – nein. Das Leben und seine Märkte stellen zu viele Optionen bereit.

Immer häufiger wird über Marktforschung unterschiedlichster Anbieter (u.a. Lebensmittel-Zeitung, GfK, K&A) nachgewiesen, dass sich Konsumenten immer weniger auf einzelne Marken festlegen wollen. Oder, dass die Einschätzung für immer mehr Branchen wächst (insbesondere bei Food, Reinigungsmitteln, Arzneimitteln), es bestünden kaum noch Unterschiede zwischen Marken und Preiseinstiegs- oder Handelsmarken. Diese Einstellung zieht sich mittlerweile über alle Altersklassen hindurch. Für Markenartikler doppelt problematisch: einmal, weil die Beziehung vieler Marken zu ihren (vor allem nachwachsenden!) Konsumenten in Richtung Nullpunkt zusteuert; zum anderen aber auch deswegen, weil Marken bei GenYZ immer weniger markierend die Jugend bestimmen. Früher (in der Jugend der Babyboomer und der GenX), da galt es noch als chic, wenn wir uns über Axe-Deo, Levi's Jeans oder Beck's differenzieren konnten. Deo wird heute sogar noch mehr verwendet, aber die Marke markiert letztlich nur noch die Vielfalt der Wahlmöglichkeiten. Mein Bac, dein Nivea, alles austauschbar. Viel wichtiger sind heute außergewöhnliche Düfte und Inhaltsstoffe bzw. eine garantierte Aluminiumfreiheit.

Letztlich offenbart sich in der Markentreue ein Trend, den die Harvard-Professorin Youngme Moon als gravierenden Umbruch für künftige Markenbeziehungen sieht. Für sie hat Markenloyalität mittel- bis langfristig ausgedient[54]. Ihre radikale Prognose stützt sie dadurch, dass Information Overload und Hyperwettbewerb dazu führen, dass Verbraucher den Wald vor lauter Bäumen nicht mehr sehen. Ältere Konsumenten (GenX und abwärts) hatten noch die Chance, Marken zuzuhören: Kanalvielfalt (insbesondere TV) und Markendiversifikation waren überschaubar. Eine Marke, 1-4 Sorten, weni-

---

[54] Youngme Moon, Different, Escaping the Competitive Herd, Crown Business, 2011.

ge Kanäle (ARD, ZDF, Drittes Programm, Radio, Plakat, Zeitung und Zeitschriften), einfaches Marketing – einfache Marke-Mensch-Kommunikation.

Heute gestaltet sich Kommunikation komplexer und weniger zwingend, was Zuhören und Bindungsbereitschaft anbelangt. Die aktuellen Schwierigkeiten beim Aufbau langfristiger Markenbeziehungen begründet Youngme Moon, indem sie Verbraucher nicht mehr nach Clustern bzw. Sozialmilieus unterteilt, sondern nach kontextabhängigen Einstellungsmustern bewertet. Diese Verhaltensheuristiken trägt jeder Mensch in sich; sie kommen aber je nach Branche unterschiedlich stark zur Geltung. Von den fünf Verhaltensweisen[55] setzen sich kategorieübergreifend und auf lange Sicht pragmatisches und opportunistisches Verhalten durch. Rein markenloyales Verhalten geht deutlich zurück. Beginnend von den jungen, nachwachsenden Käuferzielgruppen. Aber mit einer breiten Diffusion auch in die älteren Generationen hinein, die früher noch deutlich stärker markenloyal und markenbewusst agierten.

Gerade wegen der Multioptionalität der Ypsiloner und der reizüberfluteten Erlebnisorientierung der Zettler müssen Marken den Dialog suchen und aufnehmen. Reine „Aktioni-

---

[55] 1. Connaisseurs: Markenliebhaber, die prinzipiell nur Marken einkaufen, aber eben auch nicht nur eine (vergleichbar mit Wein- oder Whiskey-Liebhabern): Lust auf viele, unterschiedliche Marken; 2. Opportunes Verhalten: Auswahl unter Marken, wobei die letztlich gewählte Marke einen zusätzlichen Vorteil bietet (z.B. Preisnachlass, Bonus, Give-away usw.); 3. Pragmatiker: Marke innerhalb der Kategorie gar nicht entscheidend, Hauptsache, die Bedürfnisse einer Kategorie werden gestillt (reine Kategoriekäufer: Butter, Klopapier, Waschmittel – Marke eigentlich egal); 4. Widerspenstige: Kein persönliches Interesse an Marken und Kategorien/Branchen, aber Auseinandersetzung „muss eben sein" (z.B. Kleingedrucktes bei Versicherungen); 5. Markenloyale: Menschen, die sich im Verhalten „loyal" bzw. über Routine-Handlungen auszeichnen: Nicht alle in diesem Verhalten sind überzeugt markenloyal, sondern vielmehr standardisiert.

tis" im Sinne „Mal schnell auch etwas auf den digitalen Kanälen zu tun" führt meistens auch nicht zu einem Mehr an Markenbindung; nur wenigen Marken gelingt es überhaupt, dass über Aktivitäten in sozialen Netzwerken Bindungsbereitschaft oder gar Käuferreichweiten dramatisch nach oben schnellen. Marken schwimmen mit im Ozean der digitalen Möglichkeiten. Viele werden allerdings gar nicht wahrgenommen. Umso besser aber für diejenigen Marken, denen es gelingt, erhöhte Aufmerksamkeit zu erzielen. Was Interesse weckt, Spaß macht oder zu Protesten führt, wird gern geteilt.

Im Jahr 2015 zählten zu den wirksamsten YouTube-Werbespots neben dem Edeka Weihnachtsclip „#heimkommen" auch regionale Clips wie „Is mir egal" der Berliner Verkehrsbetriebe (BVG, feat. Kazim Akboga). Je mehr es gelingt, als Marke thematisch und kontextbezogen zu berühren, desto identitätsstiftender wirkt ein Spot. Wie eben das typisch Berlinerische Laissez-faire („Is mir egal"), was die unterschiedlichsten LifeStyles in Berlin und seiner Verkehrsmittel anbelangt. Solange die Fahrkarte bezahlt wird. Denn Schwarzfahren wäre als Einziges „nicht egal". Auch Red Bull bedient sich seit langem multimedialer Touchpoints, um mit GenY in Dialog zu treten. Dabei ist Red Bull immer weniger nur noch ein Energy Drink, der „Flügel verleiht", sondern verkörpert vielmehr eine Werthaltung, die sich in einer vielfältigen Erlebniswelt des „Flügel Verleihens" manifestiert: Von zahlreichen Clips über Extremsportarten, Sponsorings schneller Events mit Adrenalin-Kick, dem Sprung von Felix Baumgartner in die Stratosphäre (mit über 40 Mio. Aufrufen) bis hin zum eigenen privaten Fernsehsender. Alles, was Flügel verleiht – als Einstellungssache!

Auch wenn sich digitale „Bespaßung" nicht unmittelbar auf Umsätze und Erträge ummünzen lässt, sind diese Werkzeuge unverzichtbar für die Markenführung, um mit Ypsilonern (und vor allem den Digital Natives aus GenZ) auf Tuchfühlung zu gehen. Über die schier unendliche Auswahl an Kontaktmöglichkeiten im Internet kann der Konsument selbst auf die Reise gehen und sich dort einklicken, wo es ihm gefällt. Und wo ihn der Kontakt mit einer Marke auch tatsächlich berührt. Allein schon die Suche nach Alternativen im Internet bietet Lust auf Entdeckung. Aber immer mit der Freiheit, selbst zu entscheiden, was Y sehen, klicken, glauben will. Entdecken, teilen, selbst erleben ... Diese nahezu spielerische Herangehensweise, Informationen aufzunehmen, zu verarbeiten und dann je nach Lust und Laune mit anderen zu teilen, macht es für Markenartikler umso schwerer, ihre Botschaften und Zeichen zu vermitteln. GenYZ muss nicht mehr zuhören, wie damals im Kino oder vor dem Fernseher bei GenX und den noch älteren Babyboomern. Was mich nicht interessiert, was mir zu weit weg ist, wird weggeklickt. Ganz schnell. Ohne weh zu tun. Anonym.

Was die Ypsiloner aber online berührt, schafft Salienz. Aufmerksamkeitsstarke Clips, Dinge, die Spaß machen. Aber auch Beiträge über Events, an denen teilgenommen wurde (Stichwort: Das „Ich“ im „Wir“), werden gern mit vielen „Freunden“ digital geteilt. Erlebnisse im Fußballstadion mit anderen Fans in entsprechender Faschingskostümierung, erlebte Kindergeburtstage in kinderfreundlichen Systemgastronomien, gemeinsames Aufstellen von Lawinenschutzzäunen als regionaler „Arbeitsevent“ einer Regionalbrauerei, Handwerksseminare für Hobbyhandwerker im Baumarkt, u.v.m.. Nicht nur wir Manager sehen uns gern auf Fotos von besuchten Veranstaltungen. Auch für normale Verbraucher gilt: Sehen und gesehen werden. Erst recht bei GenYZ! Überhaupt muss konstatiert werden, dass Word of Mouth (WOM) immer mehr als die neue Leitwährung von starken Marken bewertet werden muss: Wem es als Marke gelingt, dass junge Verbraucher überhaupt wieder über Marken mit anderen Menschen sprechen, der befindet sich auf einer Pole Position. Ob das über werbliche Botschaften gelingt oder über Designkomponenten eines Produktes, Besonderheiten, Rezepturen, spezifische Anlässe oder andere Auffälligkeiten, spielt prinzipiell keine Rolle. Überhaupt wieder über Marken reden und nachdenken zu wollen, wären bei den Ypsilonern und ihren nachrückenden Geschwistern große Erfolge. Denn wer als Marke bei diesen Generationen anonym bleibt, stirbt einsam.

Teilen und teilhaben lassen als zentrale Dimensionen erfolgreicher WOM-Strategien. Alte Ich-Marken haben bei GenYZ wenig zu melden: Ich sage dir, was du von mir als Marke zu halten hast. Massenmediale Frontalansprachen wie zu Zeiten von „Persil - da weiß man, was man hat" oder „Man nehme Dr. Oetker" gehören bei den Ypsilonern der Vergangenheit an; vom unpersönlichen „man" ganz zu schweigen. Auch eine Strategie in Form von „Differentiate or Die" in prahlerischer Hochglanzoptik, aber wenig nachfühlbarer Authentizität fährt gegen die Wand. „Das einzig Wahre..." – Wer von den Ypsilonern mag das noch bei Bier glauben? Oder: „Leistung aus Leidenschaft" und wachsende rote Zahlen bei einer Großbank – ein Garant für Sicherheit und Vertrauen bei den Ypsilonern, die vor allem wünschen, dass das, was „gut" ist, nicht weggenommen wird? Oder: VW – Das Auto – Skandale, Lügen und Bestätigung von Vorurteilen, dass es sich für Y nicht lohnt, in eigene Autos viel Geld zu investieren. Wenn laut, dann ehrlich. Wenn Polarisierung, dann gleich richtig. Wie Donald Trump in seiner Präsidentschaftskandidatur. Oder wie die Hamburger Kiez-Biermarke Astra – Was dagegen? Rumpelnd, polarisierend, aber authentisch. Einfach, kompromisslos – no bullshit!

Unglaubwürdigkeit tötet Marken. Das erfahren viele Banken aktuell, das erlebt eine sog. „Premium"-Biermarke wie Warsteiner seit Jahren: Einst Branchen-Primus in Deutschland, der den deutschen Bieren aufzeigte, wie Marke geht. In den 80er Jahren galt es noch als chic, wenn sich Babyboomer vom „Mob" der gewöhnlichen Biertrinker aus den Euro-Flaschen mit einem „gepflegten" Warsteiner differenzierten. Heute sieht die Wahrheit anders aus: Warsteiner schafft gerade noch, ein Drittel des Ausstoßes der goldenen 90er Jahre an den Mann zu bringen. Die Warsteiners sterben aus! Ganz einfach: Weil die alternden Kernverwender (demografisch) absterben. Und Ypsiloner stehen wenig auf halbseidene Wahrheiten im „güld'nen" Gewand. Doch das, was Warsteiner geschieht, wird auch anderen Biermarken ohne nachweislichen Premium-Anspruch blühen. Warten wir einfach ab. Die demografischen Mühlen mahlen langsam, aber dann konsequent wie eine Dampfwalze.

Marken, die wie Sprücheklopfer ohne Inhalt oder mit leeren Versprechen bei den Ypsilonern punkten wollen, droht ein Abblitzen. Leise zu treten oder am besten gar nichts zu erzählen, wäre aber die falsche Ableitung. Wie alle Menschen lieben auch Ypsiloner Geschichten. Geschichten mit Relevanz. Geschichten, die gerne geteilt werden. Marken-Geschichten, die immer wieder erlebt werden können, wenn wir sie haben (= kaufen) wollen. Fehlende Salienz führt dagegen zu Vergessenheit. Oder anders ausgedrückt: Schweigende Marken sorgen selbst dafür, dass nicht nur kein Nutzen vermittelt wird, sondern dass sie schlichtweg bei den Ypsilonern vergessen werden. Das betrifft einzelne Marken, die junge Verbraucher beim Einkauf überhaupt nicht mehr auf dem Schirm haben. Das betrifft aber auch ganze Kategorien. Vergessene Kategorien wie Malzbier, Doseneintöpfe, Kuchenmischungen, Limburger („Stinkerkäse"), Cognac, bestimmte Sendeformate (z.B. generationenübergreifende Familiensendungen wie „Wetten, dass..."), Hosenträger – vielleicht auch schon bald

Krawatten, TV-Geräte, Buttermilch, Kartoffelklöße, Meerrettich, DVDs ... Wann haben Sie sich das letzte Mal Ravioli aus der Dose gegönnt? Vielleicht von Erasco – aber die Marke spielt eigentlich überhaupt keine Rolle. Denn in unserem Umfeld erleben wir immer seltener, dass überhaupt Dosennahrung gegessen wird. Und das hat nichts mit Umwelt zu tun (Dosenkonsum bei Bier wächst!), und genauso wenig mit Gesundheit (vgl. Pizza-Döner-Burger-Kultur mit großer Beliebtheit).

Allein das Nichterleben lässt Kategorien und Marken verblassen, lässt Ypsilonern wenig Begegnungsmöglichkeiten, um solche Erlebnisse ggf. an ihre eigenen Kinder weiter zu geben. Sponge Bob, Simpsons und Star Wars haben Relevanz von X nach Z – die Feuersteins, AC/DC oder Mickey Mouse dagegen nur noch in Ansätzen für GenYZ. Aus den Augen, aus dem Sinn! Oder: keine Alltagspraxis, keine Relevanz! Wenn generationenbedingt immer weniger Menschen mit Nadel und Garn umgehen können, verliert das Nähen und Schneidern immer mehr an Alltagsrelevanz. Ich bin nicht der Einzige, der keinen Knopf annähen kann.
Ich bin einer von vielen.
WIR können das eben nicht.
Was soll's.

Starke Marke, nicht gekauft.

„Nur vom Nutzen wird die Welt regiert."
Friedrich von Schiller (Dichter und Dramatiker, 1759-1805)

Globale Marken und „Volksmarken" dienen GenY als Orientierung. Wie auch in anderen Lebenssituationen orientieren wir uns eher an Menschen oder Eigenschaften, die uns Stärke vermitteln. Normales menschliches Verhalten: Wir folgen eher den Leadern, den Alphas, den attraktiven Siegertypen als vermeintlichen Losern, den Unscheinbaren, den Nichtssagenden. Auch vermeintlich stärkere Marken sind Ankerpunkte für spätere Entscheidungen. Besonders an den zumeist unübersichtlichen Regalen des Lebensmitteleinzelhandels orientieren wir uns an den bekannten und größeren Marken. Sie geben ein gefühlt gutes Abbild der Kategorie wieder (z.B. Jägermeister, Underberg und Ramazzotti für „Kräuterliköre") oder definieren sogar eine ganze Kategorie (z.B. Tempo für Papiertaschentücher).

Konsumenten jeder Generation orientieren sich zwar an diesen Ankermarken, das muss aber nicht primär die Kaufentscheidung beeinflussen. Insbesondere die Ypsiloner mit ihrer tendenziell größeren Probierfreude und ihrer ständigen Suche nach Neuigkeiten definieren „gestandene" alte Marken in erster Linie als den „guten Durchschnitt". Sie können in der Shopper Situation aber durchaus links liegen gelassen werden. Am Regal erleben wir zu viele Reize und die Fragilität der meisten Markenbeziehungen bei den Ypsilonern lässt situativ andere Entscheidungen zu. Markenloyalität ist ohnehin schwächer ausgeprägt, wozu sich dauerhaft an nur eine einzige „alte" Marke binden? Vielleicht sind die anderen daneben auch nicht viel schlechter. Und bieten mir im Augenblick der

Entscheidung den entscheidenden Mehrwert. Preislich, grafisch, geschmacklich.

In solchen Situationen schlägt wieder das von Youngme Moon beschriebene und stetig wachsende Verhalten nach opportunistischen und pragmatischen Entscheidungen zu. Eine Prognose für einen kontinuierlichen Wiederkauf ist bei den jungen Konsumgenerationen nicht sicher. Zu viele Reize, zu viele intervenierende Eindrücke und vor allem: Keine Husarentreue bis in den Tod! Zumindest nicht bei Marken. Pragmatismus im Kauf, wenn andere (Marken)Konzepte besser und unmittelbarer (auch preislich) berühren. Da ist GenY sehr offen: Überrasche mich, dann kaufe ich dich – vielleicht. Dabei haben es Marktführer und Category Captains prinzipiell leichter als der Wettbewerb. Sie sind über Markensignale, ihre Botschaften und auch über eigene Erfahrungen ansatzweise gelernt. Ein Basiswissen über die Marke, ein Basisvertrauen hat sich bereits eingestellt, sich auf zusätzliche Themen einzulassen, fällt dadurch leichter. Wenn es überrascht, ein wenig zum Staunen einlädt, wenn es die Marke mit einem für die Zielgruppe attraktiven Zusatzbenefit aktualisiert.

Aber auch die anderen Marktplayer sind nicht chancenlos, wenn sie etwas Neues und Interessantes für YZ zu erzählen haben. Wenn es gelingt, den Dialog mit den Konsumenten anzustoßen. Im Frischeregal für Molkereiprodukte ist das aber beispielsweise nicht so einfach. Dort erleben Konsumenten eine unüberschaubare Vielfalt an Bechern, Schachteln, Folien. Schwer für die Augen, eine zielführende Orientierung zu finden. Will man etwa Fruchtjoghurt einkaufen, dann erschlägt einen zunächst das besonders vielfältige Frischeregal einer Edeka- oder REWE-Filiale. Das Wissen über den Mehrwert einzelner Marken ist nicht groß ausgeprägt – sofern reine Bio- oder Herkunftsmarken nicht im Fokus stehen. Landliebe ist sicherlich eine der Marken, an der sich Ypsiloner orientieren. Seit Kindertagen bekannt, auch über die Werbung mit der Milch rührenden Magd. In der Fläche ist aber Ehrmann besonders breit aufgestellt (und oft im Angebot), Müller hat an mehreren Stellen im Frischeregal seine Aufmerksamkeitsfenster mit unterschiedlichen, teilweise schrillen Produkten. Die anderen Marken wie Zott, Bauer, Weideglück, usw. liegen „irgendwo dazwischen im MoPro-Dschungel". Interessant werden sie eigentlich nur, wenn auch sie im Angebot stehen. Letztlich sucht und findet der Verbraucher mit den Augen Landliebe, wird aber über die große Auswahl und die ständig wechselnden Angebote auf andere Produkte gelenkt. Warum an einer Marke verharren? Die anderen sind doch vergleichbar, genauso gut. Und preislich günstiger. Austausch unter den Marken oder vielmehr Austauschbarkeit der Marken?

Auch für andere Kategorien erleben Verbraucher Ähnliches. Wenn Bier gekauft wird, können sich auch Ypsiloner am „Standard" (= am Durchschnitt) orientieren. Heute ist es das deutsche „Volksbier" Krombacher, früher war es Warsteiner. Beides Biere mit dem bei Ypsilonern wenig ernst genommenen „Premium"-Titel. Genauso wie andere Pilsmarken: Bitburger, König, Veltins, Hasseröder, u.v.a. – alles Premium, und doch kein Preispremium, denn alle Biermarken finden sich abwechselnd im Angebot. Premium-Preiskracher also, gutes Standardbier zum guten Preis. Und das meistens in der 20er Halbliter-Kiste. Leider nicht zwingend das Gebinde der Wahl bei Ypsilonern.

Denn im Vergleich zu den Babyboomern und GenX, die noch der viel trinkenden Generation „Kastenschlepper“ angehören, favorisieren die bierlaunigen Ypsiloner[56] eher kleinere Gebinde, Six-Packs, Individualflaschen und Biere, die nicht 08/15 wirken. Neuheiten, Überraschungen, sogenanntes Craft Beer. Nicht großkotzig verkündetes Premium, sondern erlebtes Premium über Andersartigkeit oder Handwerk. Die altbewährten Premium-Pilsbiere dienen für die Ypsiloner als Orientierungsmaßstab im Bierdeutschland oder als „Partykiste im Angebot“ für größere Grillfeiern oder Fußball-Events. Das Herz schlägt aber nur bei wenigen Ypsilonern für diese statisch agierenden Marken. Ohne Angebote und ohne notgedrungene Verfügbarkeit in der Gastronomie, eher Staubfänger als Genuss-Option. Und selbst Beck's, das noch um die Jahrtausendwende „das“ Bier der jungen Ypsiloner war, hat seinen Zenit überschritten. Der Lack ist ab: Zu global (für ein deutsches Bier), zu viele Line Extensions, zu breit und für jedermann: Für die jungen Konsumenten verbraucht, abgelutscht und – ausgetrunken.

Einen ähnlichen Hype und Absturz in die Bodenlosigkeit hat bei den Süßgetränken die Marke Bionade erfahren. Sicherlich eines der epochal bestimmenden Getränke in der Jugend der Ypsiloner. Um die Jahrtausendwende konnte sich das Süßgetränk einer kleinen Brauerei aus der Rhön über den Verkauf

---

[56] Insgesamt geht der Pro-Kopf-Verbrauch an Bier in Deutschland seit Jahren zurück. Das hat aber nicht ausschließlich demografische Gründe (älter werdende Gesellschaft, weniger Kinder etc.); denn der Wasser-Konsum, die Verwendung von alkoholfreien Süßgetränken und der Genuss von Wein hatten im gleichen Zeitraum zugenommen. Vielmehr erlebt Bier in Deutschland eine gravierende Veränderung im Konsumverhalten: Immer weniger junge Menschen finden den Zugang zu Bier, die Generation „Jogis Buben“ (Boateng, Özil, Belarabi u.a.) sind aufgrund des kulturellen Hintergrunds nicht automatisch mit dem „deutschesten aller deutschen“ Getränke vertraut und die Getränkelandschaft bietet einfach zu viele andere attraktive Alternativen für junge Männer (da Frauen auch heute noch vergleichsweise weniger häufig Bier genießen).

im Naturfachhandel etablieren. Der Bedarf an einer „erwachsenen" Limonade, die ein Gegenbild zur damals infantil, quietschig und ungesund wirkenden Fanta oder den langweiligen deutschen Brunnenlimonaden darstellte, war längst vorhanden. Andere Markenkonzepte hätten durchaus auch diesen Trend abrufen können; durch Geschick und einige Zufälle im Markt gelang das zunächst nur Bionade. Im Gegensatz war „Bio"-nade keine klassische „Limo"-nade, hatte im Namen und über den Vertrieb im Naturfachhandel ein erlebbares Wirkversprechen in Richtung weniger ungesunde Süßgetränke und obendrein ein puristisch einfach, aber attraktiv gehaltenes Labelling in der 0,33-Liter-Longneck-Flasche (analog Becks's, was zur Jahrtausendwende ebenso „im Trend" lag). Mit der Einlistung in diverse Szenegastronomien in Hamburg, Berlin und weiteren Metropolen fand Bionade seinen breitenwirksamen Weg zu den jungen, outgoing Ypsilonern bis 2008 – und auch inmitten des sog. „Sommermärchens", der in Deutschland stattfindenden Fußballweltmeisterschaft. Public Viewing, Sharing, Feiern, ausgelassene Stimmung – auch mit Bionade.

Jeder Kult ist aber vor dem Absturz nicht gefeit, wenn die Volumina über dem Ertrag und der Markenpflege stehen. Im Zuge des rasanten Markterfolgs änderte sich der Auftritt des einstigen (bescheidenen) Geheimtipps Bionade: Werbung, Einführung der PET-Flasche, Distribution bei McDonald's, Preiserhöhung und schließlich der Verkauf des kleinen, tapferen Galliers aus der Rhön an den Oetker-Konzern. Im Ergebnis war die Authentizität futsch, die Erträge und Umsätze brachen ein, Bionade wurde für die Ypsiloner weniger interessant. Zumindest konnten sich auf dem Kadaver von Bionade weitere neue Trendgetränke bei den Neuigkeits- und Erlebnis-hungrigen Ypsilonern etablieren: fritz-kola, Club Mate, Arizona (Eistee), Fassbrause (zumindest für drei Jahre!), now u.v.a. „kleine" Helden und Rebellen.

Das grundsätzliche Problem von Kultmarken und schnelllebigen Love Brands ist, dass Trends schnell abklingen können: Was gestern „in" war, ist morgen schon „out". Aperol und Hugo Spritz war gestern für GenY; die älteren Generationen (die Eltern der Ypsiloner aus Generation X und Babyboom) nippen dagegen immer noch recht gern am einstigen Signature Drink der jungen Ypsiloner. Für sie ist das immer noch „ganz cool"[57], sie sind da insgesamt beständiger. Generation Maybe ist aber ganz anders, ganz schnell, Produkte und Marken aus dem Stand weg hochzuleben, um diese bereits nach einiger Zeit wieder links liegen zu lassen: Was soll's? Ein Trend kann eine Marke vermeintlich „stark" und begehrenswert machen, vermeintliche Stärke kann aber auch ganz schnell in „zu groß", „für alle", „zu unattraktiv" übersetzt werden. Besonders bei Trend-Marken zählt der Faktor „Überraschung" sehr viel, der bei GenYZ sehr schnell in Langeweile und Desinteresse umschlagen kann.

Auch für bestehende „starke" Marken bedeutet vermeintliche Stärke längst nicht erhöhte Markenloyalität und vermehrter Kauf. Es hilft zwar, im Vorfeld einen Ankerpunkt setzen zu können, aber auch das wäre insgesamt zu wenig für GenYZ: Erlebnisse, Überraschungen, Neuheiten und vermittelbare Geschichten erhöhen die Chance auf eine intensivere Beziehung zwischen Mensch und Marke. Auch ein Meister Propper fällt den Ypsilonern ein, wenn sie an Reinigungsmittel denken. Vielleicht fällt auch Meister Propper besser im Regal auf als Frosch, General und andere. Auffälligkeit allein bedingt

---

[57] „Cool" ist vor allem ein Begriff der GenX. Ypsilon nutzte das Wort auch noch in Ansätzen, bei der chillenden Generation Z ist „cool" aus dem Mund von GenX eher ein Unwort. Für sie ist „bambus" das Analogon für das Clint-Eastwood-Syndrom älterer Generationen und andere Begrifflichkeiten mit Links zur Smartphone-Welt wie „merkeln" (nichts tun), „shippen" (eine Beziehung eingehen), „threestaren" (etwas perfekt machen) oder „skylern" (nerven mit Bezug auf den Charakter „Skyler" aus der Serie „Breaking Bad") erhielten Eingang in deren Umgangssprache.

keine Markentreue bei Ypsilonern; sie reagieren letztlich ganz pragmatisch am POS. Bei Waschmittel, Süßwaren, Mineralwasser, Socken, Schnittkäse.

Auch hat der Nimbus gegenüber GenX und Babyboomern deutlich abgenommen, dass sich Menschen mit Marken „schmücken", um selbst als attraktiver wahrgenommen zu werden. Sich ausschließlich über ein Mode Label zu definieren, wäre der Mehrheit der Ypsilon-Frauen fremd. Es muss nicht nur ausschließlich ein Business-Auftritt von René Lezard, Stefanel oder anderen sein; Kombinationen sind jederzeit möglich, durchaus auch eine nette Bluse von Zara oder ein T-Shirt von H&M. Markenfetischismus reagiert GenYZ deutlich weniger als die älteren Generationen. Am besten lässt sich dies aktuell im Kaufverhalten bei PKW beobachten: Während vor allem GenX und Babyboomer „Freude am Fahren" mit Vorzeige-Autos und SUVs erleben, spielt „das Auto" immer weniger eine tragende Rolle als Statussymbol. Warum so viel Geld für ein Auto ausgeben? Wozu? Welche Vorteile? Ypsiloner fällen da ganz pragmatische Entscheidungen in Abhängigkeit von ihrem aktuellen Sozialumfeld: Car Sharing bei Singles in Großstädten, Dacia oder Opel als preislich passende Lösung für ein Erstauto, Toyota Hybrid als vermeintlich besserer Beitrag für die Umwelt...

Insgesamt hat GenY recht gut von den eigenen Eltern und aus eigenen Erfahrungen gelernt: Es muss auch nicht immer Marke sein! In Zeiten von „Ich bin doch nicht blöd", „Geiz ist geil", „LiDL lohnt sich" haben die Menschen verstanden, dass die meisten Marken auch „billiger" zu haben sind. Als Angebot, als Schnäppchen, als „Samstagskracher". Mehr kaufen, weniger ausgeben. Auch bei Marken. Dummerweise lernen dadurch auch die weniger auf Marken festgefahrenen Ypsiloner, dass Marke weniger wert ist, als sie vorgibt zu sein. Smart Shopping wurde über den Handel gut anerzogen: Früher sammelten die Babyboomer noch die Angebote aus den

Tageszeitungen und strömten in die Läden, um sich die Schnäppchen nicht entgehen zu lassen. Der Jagdinstinkt ist auch bei Ypsilonern gegeben: Nur lesen sie insgesamt weniger Tageszeitungen, sammeln keine „Zettel", sondern vergleichen die Preise bei größeren Anschaffungen via Smartphone und mittels diverser Apps. Oder bei Amazon und Ebay. In Deutschland sogar immer mehr bei Ebay Kleinanzeigen. Auch hier herrscht Ypsiloner-typische Smartness: Warum zu viel für Neues ausgeben, wenn es Gebrauchtes genauso gut erfüllt? Wir sind doch nicht blöd! Und verhalten uns sogar dadurch noch nachhaltig: Mehr Gebrauchtes, weniger Müll. Bei alltäglichen Lebensmittelprodukten vereinfacht sich die Entscheidung ohnehin: Entweder gleich in den Discounter (= gute Produkte, gute Preise, wenig Markenrelevanz) oder zum Vollsortimenter, bei dem in der Regel auch der eine oder andere Markenartikel einer Kategorie im Angebot ist.

Abgesehen davon, dass die Häufigkeit von Preisaktionen mittelfristig dem Image einer Marke schadet, und bei den Ypsilonern den Eindruck zementiert, dass die meisten Marken preislich (und qualitativ!) vergleichbar sind, tun es für Ypsiloner Handelsmarken immer besser. Auch hier legen sie ihr allerbestes, pragmatisches Verhalten an den Tag: Dabei geht es beim Einkaufen weniger darum, umso besser eingekauft zu haben, je preisgünstiger die Ware ist. Sondern vielmehr darum, diejenigen Produkte einzukaufen, die bestimmte Bedürfnisse einfach und schnell erfüllen. Und hierbei entscheidet der Verbraucher nicht mehr nur zwischen Marke und „Billigmarke" des Handels (= Ja!, K-Classic oder „gut&günstig").

Vielmehr stehen ihnen immer mehr „leckere" Eigenmarken des Handels zur Verfügung, die allein schon über das Packaging Lust auf den Inhalt machen, zentrale Leistungsversprechen claimen bzw. mittels eingängiger Siegel belegen und letztlich auch günstiger sind als herkömmliche Marken.

Es müssen nicht unbedingt Funny Chips sein, sondern es tun auch die schonend zubereiteten Kesselchips bei Aldi. Milbona – auch nicht schlechter als Almighurt von Ehrmann – oder ist da möglicherweise sogar derselbe Inhalt enthalten, nur unter anderem Label? Rio D'Oro verspricht genauso sonnengereifte Fruchtigkeit wie ein Granini-Trinkgenuss zum doppelten Preis. Die Schokolade von Moser-Roth ist genauso edel verpackt wie Lindt. Nivea, die deutsche „Volkscreme" schlechthin, mit der sicherlich nichts falsch gemacht wird. Aber Cremes und Lotions von Balea erfüllen denselben Zweck: Der Händler dm steht im Fokus dieser Handelsmarke - mit Sympathiewerten, die kein Industrieunternehmen erreicht. Und darüber hinaus fühlt sich Balea von dm genauso puristisch an wie die teurere Marke sebamed. dm schafft Vertrauen – mehr als jedweder Markenartikler!

Erlebnisse teilen

Wir haben weiter oben beschrieben, dass Emotionen zu teilen und Erlebnisse in der Berufs- und Alltagswelt mit-zu-teilen, zentrale Bestandteile der Handschrift von GenY darstellen. Und auch in der Beziehung von Marken zu Ypsilonern haben Erlebnisse eine längere Halbwertszeit als irgendwelche werblichen Informationen. Die Erlebnisqualität einer Marke steht folglich im Mittelpunkt. Diese Qualität ist dabei umso höher, je mehr es einer Marke gelingt, Anlässe für sich zu deklarieren: Wenn Menschen sich in bestimmten Stimmungen oder Verfassungen befinden, dann lassen sie sich schneller auf stimmungskonforme Verhaltensweisen ein. Intensiver Sonnenschein, wolkenloser Himmel, supergeile Laune - das Tragen von Sonnenbrillen. Hustenreiz oder die Anspannung vor einem wichtigen Termin – das Lutschen von Hustenpastillen. Ständiges Debattieren ohne Lösungen in der Politik und gleichzeitiges Schüren von Ängsten - der Zuwachs an Bedenkenträgern und Protestwählern.

Stimmungen unterstützen Verhalten, Verhalten führt zu Erlebnissen, die wiederum „Stimmung machen", das Erlebnis nochmals zu erleben. Ein wunderbarer Kreislauf, der auch bei Marken theoretisch funktionieren könnte. In jedem Fall funktioniert die Erlebniserwartung in einer Kategoriebetrachtung: Cola steht für gemeinsam Spaß haben, Waschmaschinen helfen Kleidung zu reinigen, Feta verführt gustatorisch zu griechischem Genussempfinden, Schokolade belohnt, versüßt Momente, eine Kinderschokolade schmeckt (auch) Kindern besonders gut. Dumm, dass die meisten Marken vergleichbare Stimmungen und Settings besetzen wie alle anderen einer Kategorie. Besondere Produktvorteile, konkret auf eine Marke zugeschnittene Erlebniswelten und Werthaltungen sowie eine kohärente, einzigartige und berührende Markenstory liefern aber den Unterschied. Und diese Unterschiede liebt GenY zu zelebrieren. Das Erlebnis mit einer Marke kann wiederum den Unterschied ausmachen: fritz-kola als erlebte „Rebellen-Kola" (mit „k" geschrieben!), die von den Herstellern als Kulturgut gelebt wird. Alle branchenspezifischen Attitüden einer „normalen" Coke bedienen, aber dennoch „anders" im Auftritt, in der Gastronomie, im erlebten Verwenderumfeld. Sehen, erleben, teilen – und ein neuer Kult neben einer omnipräsenten Coca Cola entsteht. Und in erster Linie über Word of Mouth – der essenziellen Leitwährung von GenYZ für spätere Markterfolge.

Und es teilt sich bei GenY umso leichter, je stärker sie ein ernst genommener Teil der Beziehung ist. Auch hier gilt: WIR-MARKEN haben es per se bei Ypsilonern leichter als konservativ agierende Ich-Marken. Marken, die humorlos und belehrend über soziale Netzwerke aus ihrer Sicht heraus die Welt beschreiben (oder belehren wollen?), erreichen die Herzen von GenY nicht. Wenig Likes, kaum Smileys, so gut wie kein

Teilen. Intensive Erlebnisse mit Marken erlauben aber leichte und erlebbare Zugänge zu Markenkonzepten, die GenY gerne mit anderen teilt. Die Fokussierung auf Anlässe schafft merkfähige Zeitpunkte für ein wiederholtes Nach-Erleben. Es wirkt manchmal so banal und einfältig, aber ist letztlich dennoch am marktwirksamsten: Was schnell und ohne viel Nachdenken verstanden wird, leicht in den Alltag integriert werden kann und dort hochrelevant ist, hat bei GenYZ gute Chancen, verwendet zu werden.

Mit der warmen Jahreszeit wächst beispielsweise die Lust auf Grillen im Freien. Zwar frönen nicht alle Ypsiloner automatisch der Fleischeslust, da vegetarisch, vegan, flexitarisch u.a. voll im Trend liegt; dennoch freuen sich die Menschen gemeinhin auf solche Events, die dann gern gemeinsam mit Freunden und durchaus mit unterschiedlichen Generationen ausgelebt werden. Neben klassischen Grill-Utensilien – der gelernten Norm des Kugelgrills (aber eben nicht nur das Original von Weber!), Produkte zum Grillen, Grillkohle, Soßen u.v.m. – kommt in der Regel auch der Senf zum Einsatz. Sofern Würstchen auf den Grill gelangen. Nun könnte prinzipiell jeder Senf beim Grillen den Bedarf nach einem Taste Boost für Bratwürste erfüllen. Ganz gleich, ob Develey, Kühne, Bautzner oder Senf-Handelsmarke. Völlig Wurscht, ob im Glas oder in der Tube. Die mittelständische Senf-Firma Händlmaier mit dem Fokus auf Weißwurst-Senf brachte aber ein Produkt in der Tube heraus, das ausschließlich Grill-Events im Blickwinkel hatte. Das Produkt wurde einfach unter dem Namen „Grillsenf" eingeführt. Mit Erfolg aus dem Stand heraus: Ein Senf, der eindeutig dem Konsumenten sagt, wofür er diesen Senf verwenden darf. Einmalig einfach!

Auch das Thema „Kochen" ist heute weniger ein Versorgen mit warmen Speisen als ein „Kochevent", an dem möglichst viele teilnehmen und mitwirken dürfen. Früher, bei den Traditionalisten, war die Frau mit Schürze am Herd und kochte für den Rest der Familie. Dieses tradierte „Hausfrauen"-Konzept wurde großenteils auch von den reformfreudigen Babyboomern fortgesetzt. Bei GenX geriet dieses Rollenkonzept immer stärker ins Wanken, da zunehmend Unregelmäßigkeiten den Alltag bestimmten. Ypsiloner erlebten gemeinsames Essen in der Familie schon als Besonderheit, insbesondere in Haushalten, in denen beide Elternteile berufstätig waren. Dementsprechend ist Kochen heute etwas Besonderes. Kochen wird zelebriert. Da viele Ypsiloner die Zubereitung von Speisen auswendig nicht umsetzen können und Hilfsmittel benötigen (Kochbücher oder Kochsendungen als Quell der Inspiration oder gelikte Kochrezepte aus dem Internet), werten spezielle Geräte als außergewöhnliche Küchenhelfer ihre „Kochkunst" auf. Auch wenn viele Klassiker aus der Küchenschublade ausreichen würden. Aber eine Pasta-Anrichte hört sich nach mehr an als eine gemeine Suppenkelle. Und sagt konkret, wann und wofür das Gerät zum Einsatz kommt. Wie beim Händlmaier Grillsenf. Gute Chancen also für WMF, Fissler, Villeroy & Boch, Rosenthal & Co., neue Kaufanlässe über neu positionierte Produkte zu generieren. Sofern der Stauraum in den Küchen der Ypsiloner ausreicht...

Überhaupt wirkt bei GenYZ das meistens besser, das nicht erklärt wird, sondern erlebt werden kann. Als Kinder sind die Millenials noch gerne zu McDonald's gegangen. Mit ihnen erlebten die McD-Kindergeburtstage ihre Breitenwirkung. Die Ypsiloner mit ihrer Globalisierungsorientierung in der Jugend waren es auch, die McDonald's immer weniger als „rein amerikanische Fast Food-Kette" interpretierten, sondern als ein mögliches „schnelles Essen außer Haus" – neben Gebäck vom „Bäcker um die Ecke", Döner oder Thai-Food auf die Hand. McDonald's als Teil des deutschen Standards, der deutschen Standard-Versorgung. Auf der einen Seite breitenwirksam (= für alle), auf der anderen Seite aber auch immer weniger faszinierend. Zudem wirken sich neue Food Trends auf das Ernährungsverhalten von YZ aus (Stichwort:

mehr „fleischlos“, weniger Fett). Das allein erklärt aber nicht die Umsatzrückgänge bei McDonald’s.

Nach Jahren unaufhörlichen Wachstums beginnt sich das Blatt gegen globale Foodketten zu wenden. Weniger Pommes? Unlust auf Burger? Sicherlich nicht. Pommes sind nach wie vor Deutschlands beliebtestes Kartoffelgericht und seit einigen Jahren schießen zahlreiche authentische Burger-Locations, „kleine“, unabhängige Steakhäuser wie eben auch kleinste Hausbrauereien aus dem Boden. Weniger Massenabfertigung als vielmehr erlebnisreiche Events. Locations mit Charakter, geführt von Personen mit eigenen Geschichten und Philosophien, Produkte mit glaubwürdiger Herkunft: Sie kennen quasi das Rind, das geschlachtet wurde. Mehr erlebbare Authentizität geht nicht.

Ein seit Jahren ausgesprochen konsequentes Markenerleben auf unterschiedlichen Kanälen vollzieht der Retailer Edeka. Bereits 2005 führte Edeka den Claim „Wir lieben Lebensmittel“ ein und vermittelt den Verbrauchern damit emotionale Nähe: Der Kaufmann und die handbeschriebene Schiefertafel stehen im Mittelpunkt der Werbung. Menschen also, nicht irgendwelche Aussagen über ein vermeintlich besseres Leben oder nicht haltbare Leistungsversprechen. Menschen (= die Kaufleute, die Angestellten bei Edeka), die mit Sorgfalt Lebensmittel in ihren Geschäften für andere Menschen (= die Verbraucher) auswählen. Generationenübergreifende Ansprache über klassische Medien. Ypsiloner und Zettler sind aber weniger häufig und geplant im stationären Einkauf. Damit sinkt die Wahrscheinlichkeit, dass sie unter Berücksichtigung von Verfügbarkeit und Wettbewerb tatsächlich bei Edeka einkaufen.

Umso wichtiger ist es deshalb, dass es Edeka gelingt, bei den jüngeren Konsumenten Salienz aufzubauen. Das vollbringt Edeka seit mehreren Jahren erfolgreich über aufmerksamkeitsstarke YouTube-Kampagnen. Sensationelle Click Rates, starkes Involvement, digitales Sharing! Ein in Milch badender Comedian Friedrich Liechtenstein, der über die „supergeilen" Produkte bei Edeka sinniert; die singenden Kassiererinnen zur Weihnachtszeit als besondere Wertschätzung der einkaufenden Kunden; der auf dem Traktor rasende Landwirt, der seine regionalen Produkte via „Dorfdrift" über die kürzesten Lieferwege zum Edeka-Markt „um die Ecke" liefert. Und schließlich Ende 2015 der alles toppende Clip des Opas, dem es erst über eine vorgetäuschte Beerdigung gelingt, seine gestresste Familie zum Weihnachtsessen zusammenzuführen. Insgesamt 49 Mio. Aufrufe! Mitunter schräge Ansätze, die nicht immer die klassischen Edeka-Käufer ansprechen – aber vor allem die Digital Natives von Y und Z: Auslösen von Staunen, etwas Reibung (was auch sein muss!), aber stets auch Botschaften, die auf die Positionierung der Edeka einzahlen (Familie, Nähe, beste Produktauswahl).

Da die meisten FMCG-Produkte im Prinzip jeder Händler anbieten kann, sind Aufmerksamkeitsstärke im „information overload", Sympathie und Word of Mouth wesentliche Kennziffern für ein Erreichen von Y und Z. Das Problem dabei: Erleben wiegt stets mehr als Haben. Oder anders ausgedrückt: Die Freude und der Spaß am Event – am gemeinsamen Erlebnis (mit einem Produkt) wird gerne erinnert. Das Produkt oder die Marke wird aber losgelöst vom Erlebnis nicht zwingend wieder gekauft. Entweder weil das Erlebnis nicht reproduzierbar ist und/oder weil das Produkt nur in bestimmten Kontexten erlebbar wird.

Beispielsweise „schmeckt" ein Irish Pub umso besser, wenn dort auch Guinness & Co. getrunken wird. Wozu Guinness daheim? Um sich allein Irland-Bilder vorzugaukeln? Um zu glauben, mit anderen im Pub zu sein? No way – keine Chance, dieses Schema zu durchbrechen. Oder „Freude am Fahren". Wer es nicht erlebt – weil kein Zugang, weil unökologisch, weil BMW zu teuer, wird von der Werbung allein nicht abgeholt. Das Feeling findet im Auto statt, nicht in der Massenwerbung. Erlebnisse steuern die Wahrnehmung. Oder mit den Worten von *Ernst Hauschka* ausgedrückt: *„Was wir vergessen, haben wir nicht erlebt"*. Was so viel heißt: Kein bleibender Eindruck, keine dekodierbaren Erlebnisse, schwache Erlebnisqualität! Deshalb tun sich auch die öffentlich-rechtlichen Sender so dermaßen schwer, eine generationenübergreifende Samstag-Abend Sendung zu installieren. Nach dem Ende von „Wetten, dass ..." als Folge der Individualisierung der Lebensstile ist das Zeitalter des gemeinsamen Fernsehens erst einmal für tot erklärt. Klar – Gründe dafür gibt es genug: In jedem Zimmer ein TV, Tablet und Smartphone lösen TV ab, Rückgang der Familien, wenig gemeinsame Zeit in Haushalten ... Alles Argumente für den allmählichen Niedergang. Umgekehrt lässt sich aber auch argumentieren: Es gibt bislang kein positiv aufgeladenes Setting eines „neu interpretierten" Zusammenkommens in Familien. Und einen Sinn für gemeinsames TV.

Dass überholte Ereignisse stets die Chance für eine Neuinterpretation bei den Ypsilonern haben, zeigt das Beispiel Dickmann's. In der Kindheit von GenX gehörten die „Schokoschaumküsse" mit „Mohrenkopfsemmel", Wettessen an Kindergeburtstagen und Wurfmaschinen zum Alltag. Die in den 1990er Jahren geschaltete Werbung „Mann, ist der Dick-Mann" passte in den mitunter schrillen LifeStyle der Xer. Für die Ypsilon-Kinder dagegen mutete der TV-Spot mit kauenden, schmatzenden Dickmann-Essern eklig, abstoßend und infantil an: Keine Motivation, um das Produkt der Eltern ausprobieren zu wollen. Der Weg zu YZ war verbaut! Dann die konsequente Kurskorrektur: Keine Werbung, konsequente Betonung der Dickmann's-Momente. Kindergeburtstag als Standbein, alle weiteren Anlässe, wo auch Erwachsene sich wie Kinder freuen dürfen, als Spielbein. Und das ausschließlich über anlassbezogene Packungsgestaltungen und Sonderplatzierungen im Handel. Ob als Halloween-Sonderedition, Faschingsdickmänner, Silvester-Beilage oder „super-dicke Eier" bietet Super Dickmann's mehrfach im Jahr bunte Anlässe für Konsum. Und das nun auch für Ypsiloner (und ihre Kinder). Mit positiver Marktentwicklung. Als Wir-Marke mit teilbaren Momenten und nicht mehr als Ich-Marke mit schmatzenden Verwendern.

Die Betonung des Erlebnischarakters kann dabei ganz unterschiedlich erfolgen. Magnum hat es als Impulseis relativ schnell geschafft, sich in die Herzen der Verbraucher zu spielen. Wie bei Super Dickmann's ist auch bei Magnum das Anbeißen der Schokolade das entscheidende Audiovisual für Genuss und Frische. Das leichte Knacken der Schokolade löst sinnliche Vorfreude auf das Produkt aus. Je intensiver das Knacken, desto frischer der Inhalt, übersetzt unser menschliches Gehirn. Bei Magnum wird das intensive Produkt-Erleben durch den Biss erotisiert: Mein Magnum! Ein intimes Erlebnis des Einzelnen mit seinem „Eis am Stiel". Ich und mein Magnum. Wir zusammen im intensiven Rausch des Genießens. Auch ohne Darstellung von Menschen kann folglich ein Produkterlebnis gesteigert werden. Und auf das für Ypsilon so wichtige We-feeling einzahlen. Suggestiv, aber umso intimer.

Ganz anders berühren Marken, die konkrete Anlässe markieren. Für GenY (wie auch für die noch großenteils in Ausbildung befindliche GenZ) steht trotz aller Spaß- und Erlebnisorientierung Sicherheit als Wert ganz weit oben[58]. In Zeiten

---

[58] Im Rahmen einer Studie der K&A BrandResearch über den intergenerativen Wertewandel (2015) lässt sich belegen, dass für GenY und insbesondere GenZ Spaß im Leben ganz oben als Wert steht. Bei GenX und Babyboomern war es noch ein selbstbestimmtes Leben führen. Zudem zeigt sich bereits heute in Ansätzen, dass die bislang noch nicht vollständig volljährige „Generation Smombie" eine radikalere Auslegung hinsichtlich Leistungsbereitschaft, Wissensdurst und unbedingtem Vorwärtskommen haben. Genuss und Auskosten stehen vor Schweiß und Durchbeißen.

der globalen Unsicherheit mit Euro-Verfall, wertlosen Renten und IS-Terror haben Aktivitäten, die auf Eigentum und Absicherung des Erreichten zielen, Hochkonjunktur. Und auch alles Handwerkliche, alles, was selbst hergestellt wird, wirkt gefühlt „besser". Aus diesem Grunde werden auch in Zukunft Baumärkte – ganz gleich ob stationär oder online – einen wichtigen Platz bei Gen Why einnehmen: Das Streben nach Eigentum in Niedrigzinsphasen ist bei Ypsilonern in Familiengründungsphasen ungebrochen. Und am Eigentum gibt es immer was zu tun – Yippiyayeah! (Hornbach). Der Baumarkt sagt mir auch wie, wo und wann etwas getan werden muss (Marktführer OBI). Schließlich zollt er aber auch all denjenigen Menschen Respekt, die es selber tun (toom). Alles Argumente, die in Zukunft auch Ypsiloner bewegen dürften. Zwar wird durch die Anlass-Kommunikation der einzelnen Baumärkte nicht die Markenloyalität gefördert. Aber in jedem Fall die Hinwendung zum Do-it-Yourself. Wer schneller erreichbar ist (und nicht negativ aufgefallen ist), der wird auch als Baumarkt angesteuert.

GenerationY liebt auch Erlebnisse, die Nähe, Familiarität und Geborgenheit bieten – ohne dabei tradiert und überholt zu wirken. Regionalität und Familie stehen für Werte und haben Vorbildcharakter. Während früher (zu Zeiten von GenX) dem Schwarzwald und dem Allgäu etwas Klischeehaftes anhing, stärker mit Volkstumskitsch und Heimatfilm assoziiert wurden, finden die nachwachsenden Generationen Kuckucksuhren, Kuhglocken und Hirschgeweih urig und durchaus chic. Der Begriff „Heimat" ist mittlerweile wieder völlig wertfrei und wird nicht automatisch mit Drittem Reich und Nachkriegsdeutschland verbunden. GenYZ ist da gedanklich freier und die Sehnsucht nach Familie, Verbundenheit und „Sicherheit im Kleinen" steht hoch im Kurs. Alles, was darauf einzahlt, unterstützt diese Bedürfnisse. Alles, was sich zudem noch erleben und nachempfinden lässt, verstärkt sogar die Sehnsucht.

Positiv aufgeladene Regionen für Lebensmittelprodukte sind vor allem solche, die Sehnsuchtsräume definieren können. Bekanntheit und Attraktivität vorausgesetzt. Solche wie Toscana und andere italienische Regionen, Provence, die kleine griechisch-karibische Insel, Sylt, Rügen, die Ostseeküste, die Weinstraße der Pfalz, der Bodensee, der Schwarzwald oder die Alpen. Insgesamt erfüllt der alpenländische Raum Vieles von dem, was GenY innerlich berührt: Kontraste von Berg und Tal, Natur- und Kulturlandschaft auf engstem Raum, hohe Freizeitwerte, ländliche Strukturen, gelebte Dialekte, eigenartige Menschen – Menschen, die ebenso sind, wie sie sind. Gern wird sich auf ein solches Setting eingelassen: Zum Selber-Entdecken; zum Abspannen von der Hektik des Alltags: um Familie zu erleben, wie Familie eigentlich sein sollte; um Hausmannskost zu erleben - fernab von To-Go-Kultur und ungeregelten Essenszeiten.

Auch die „alpenländische" Feierkultur steckt an – mehr als ein saisonal erlaubter Karnevalsklamauk! Laut, deftig, humorig, aber stets in nicht aufgesetzter Gemeinschaft kann jeder „Ichling" im Wir aufgehen. Oktoberfest-Kult existiert in den unterschiedlichsten Facetten, wovon auch Markenartikler profitieren. Das der Bayerischen Staatsregierung gehörende Münchner Hofbräuhaus (mit seiner ertragsstarken Brauerei) lebt vom Münchner Biergartenkult. Ohne klassische Werbung, was den Kultcharakter zerstören würde, aber mit großer Merchandising-Maschinerie und saisonal stimmigen Produkten wie „Oktoberfestbier", „Maibock" und „Münchner Sommer". Zwar nicht sonderlich kreativ in den Bezeichnungen wie auch in der Etikettengestaltung, aber durchaus authentisch und glaubwürdig für die nachwachsende Biergeneration. Wie eben auch andere „kautzige" Biermarken (Augustiner, Tegernseer, Unertl, Neumarkter Lammsbräu).

Auch die österreichische Kult-Kräuterlimonade Almdudler partizipiert vom New Wave des alpenländischen Neo-

Traditionalismus. Über die Ski- und Wandergebiete konnte sich die Marke auch in Süddeutschland, in Berlin und in Hamburg (Skiferien!) etablieren. Das Logo ziert ein tradiert gehaltenes Trachtenpärchen, der Almdudler-Jodler aus den Medien ist nahezu jedem Österreich-Besucher bekannt. Aus den bekannten Markensignalen schuf das Almdudler-Team Events auf allen für GenYZ relevanten Kanälen, die das „Trachtentragen" auf die skurillste Weise würdigt und motiviert, selbst mitzumachen und die Erlebnisse zu teilen. Höhepunkt der stark Event-zentrierten Marketing-Maßnahmen ist der seit 2007 jährlich stattfindende „Almdudler-Trachtenpärchenball" im Wiener Rathaus: Nur in Trachten gekleidete Paare im Durchschnittsalter weit unter 40 tummeln sich auf den roten Teppichen des Rathauses, haben Spaß, trinken, feiern und tanzen Free-Style zu Schlager- und Neo-Volksmusik. Mittlerweile hat sich die Veranstaltung so stark in der jungen österreichischen (und auch deutschen) Bevölkerung verankert, dass die Nachfrage auf mehrere Tausend Menschen gestiegen ist. Erleben der Marke steht vor dem unbedingt haben wollen – dennoch rechnet sich das Markenerleben für Almdudler.

Überhaupt erleben Marken mit glaubwürdiger, regionaler Identität bei jungen Verbrauchern seit mehreren Jahren eine Rennaissance. Je positiver besetzt ein Regionalbild ist, und je glaubwürdiger sich das Bild mit einer Marke verbinden lässt, desto mehr Wirkung hat ein solches Markenangebot auch bei GenYZ. Gosch ist 100% mit Sylt verknüpft und steht für authentische Nordsee-Kulinarik. Berchtesgadener Land gilt als Sinnbild für alpenländische Milchbauern; eine Abweichung vom inneren Markenbild durch das Unternehmen in Piding (BGL) würde bei den kritischen Ypsilonern (ohne Laktose-Intoleranz!) zu Vertrauensbruch führen. Auch die über die USA nach Deutschland importierte Craft Beer-Bewegung ist letztlich nichts anderes als eine persönliche und identitätsstiftende Neu-Interpretation des Brauens - fernab von massenmedial gestützten 08/15-Standardbieren und nicht zwingend konform mit dem für Ypsiloner immer weniger relevanten Deutschen/ Bayerischen Reinheitsgebot von 1516. Alles, was sich für die Schnellleser von heute nicht unmittelbar erschließt oder relevant ist, wird als unnötig, uninteressant oder nutzlos abgetan. Das gilt für ein unemotionales, wenig selbsterklärendes Reinheitsgebot genauso wie für alle anderen Siegel ohne Selbsterklärung.

Umgekehrt gilt das aber auch für Produktangebote, die schneller über eindeutige Visualisierungen mit regionaler Symbolkraft oder markanten Lizenzen[59] Lust auf regionale Produkte auslösen. Ein Bild sagt mehr als 1000 Worte. Was schon immer für Menschen galt, gilt für die schneller handelnden Konsumenten aus Y und Z noch viel mehr: Einprägsame, schnell interpretierbare Visuals für Regionalität, Handwerklichkeit, Bio & Co. haben es leichter als fundierte, aber schwer verständliche Siegel für schnelle Kaufentscheidungen. Der Handel hat recht schnell gelernt, wie er Salienz und Verbundenheit bei Verbrauchern aufbauen kann. Nicht umsonst haben sich regionalisierte Handels- und Eigenmarkenkonzepte wie das friesisch-authentisch anmutende „Unser Norden“ (sky-Märkte), Landmarkt („Besser direkt vom Bauern“ bei REWE Hessen) oder „Unser Bayern“ der Edeka (typisch blau-weiß gelabelte Spezialitäten aus Bayern) erfolgreich etablieren können. Die Filialfläche der Händler erlaubt es, dass der Handel eigene Markenkonzepte dort viel stärker bespielen kann, wo letztlich die Kaufentscheidungen erfolgen.

---

[59] Prinzipiell helfen schwachen Marken oder Eigenmarken des Handels Lizenzen, um „mehr Strahlkraft“ für die Produkte zu erlangen. Insbesondere bei Kindern und Jugendlichen (aktuell GenZ) verhelfen Lizenzmarkenkonzepte zu erhöhter Konsumbereitschaft. Je beliebter und bekannter Lizenz-Charakter im peer-Umfeld sind, desto stärker lassen sich diese branchenübergreifend einsetzen. „Hello Kitty“ ist nicht nur medial bei Mädchen begehrt, sondern auch als Handtasche, Mode-Accessoire oder als alkoholfreies Kindergeburtstagsgetränk zum Anstoßen (Hello Kitty-Berry Mix).

Und der Handel weiß nicht erst seit gestern, dass die meisten Entscheidungen spontan am Point of Sale erfolgen. Insbesondere bei den Ypsilonern.

Überhaupt sind Filialen oder Shops Begegnungsorte von Menschen mit Marken. Oder als sog. „Dritte Orte" Erlebnisorte von Marken, die als „begehbare Werbung" Menschen in die Erlebniswelt einer Marke „hineinziehen"[60]. Für GenYZ sind solche Begegnungsorte immer wichtiger, da sie hier selbst ein aktiver Teil des Erlebnisses werden. Erlebnisse, die tatsächlich und damit „echt" sind. Ein vom Erzeuger gekaufter Wein schmeckt umso mehr, ist umso authentischer, wenn der dahinterstehende Winzer oder die erzeugende Winzergemeinschaft erlebt wurde. Die gefühlte Echtheit ist dabei umso größer, je näher die Erwartungshaltung an einen Winzer (Handwerkskunst, Genuss, Kennerschaft, regionale Verbundenheit, Weinberge gleich hinter dem Hof u.a.) erfüllt wird.

Concept Stores und Show Rooms bilden die kleinste Einheit für räumliches Markenerleben. Aber bereits sie machen Marken erlebbar, wie die Handwerklichkeit der Schokoladenherstellung in der Rausch Schokoladenmanufaktur inmitten Berlins am Gendarmenmarkt. Bereits in solchen Räumen kann über kleine Details der Y-Betrachter ins Staunen versetzt werden – Aha-Effekte durch gründerzeitliches Kaffeehaus-Ambiente an einem der schönsten Plätze Berlins, über Schokolade ausquellende Schokoladenvulkane oder die gläserne (transparente) Praxis des Manufaktur-Gedankens. Selbstverständlich kennt die Inszenierung von Markenerlebniswelten keine Grenzen. Aber ob als architektonisch ausgeklügeltes Brandland oder nur als kleiner Reminder an Wanderwegen, Häuserfassaden, Schildern, Wegbezeichnungen u.ä., ent-

[60] Christian Mikunda, Marketing spüren: Willkommen am Dritten Ort, Redline Verlag, 2012 (3), S. 50ff

scheidend ist erreichte Aufmerksamkeit, die Relevanz und die Erlebbarkeit solcher „Dritter Orte“.

Richtig eingesetzt erhöhen sie aber in jedem Fall die Erlebnisqualität von Marken.
Und vor allem die Glaubwürdigkeit.
Selbst erlebt wirkt „echter“.

Authentisch aufrichtig

„Wenn man jemanden alles verziehen hat, ist man mit ihm fertig.“
Sigmund Freud, Neurologe und Psychoanalytiker (1856-1939)

Wir hatten bereits in den Kapiteln über Arbeit und Beruf die Bedeutung von Authentizität bei den Ypsilonern herausgestellt. Wer vorlebt, wie er handelt, dem folgt YZ eher als Menschen, die so tun als ob. Das betrifft dabei nicht nur die Berufswelt, sondern alle Bereiche des öffentlichen Lebens. Menschen, die sich geben wie sie sind, wirken „näher“ als Personen, die sich verbiegen oder stets kontrolliert auftreten. Menschen, versteckt hinter Fassaden, wirken auf YZ wenig authentisch. Aalglatt – Schach matt! Zumindest in den Augen von Why. Menschen dagegen, die eigene Ansichten haben und dafür gerade stehen, müssen nicht zwingend von YZ geliebt werden, sie dienen aber zumindest als Vorbild. Ganz gleich, ob Joko & Klas, Papst Franziskus, Barbara Schöneberger, Heidi Klum, Batman oder Manga-Helden aus One Piece.

Dasselbe Prinzip gilt auch für Politik und Politiker: Wer Meinungen vertritt, einen Kurs vorgibt (der auch von den eigenen Parteifreunden mit getragen wird!), wer seine Ansichten nicht ständig wechselt wie sein Hemd, der genießt auch das Ansehen der Ypsiloner. Leider sind das nicht allzu viele Politiker;

und langatmige Diskussionen bzw. wenig vorzeigbare Lösungen führen letztlich zu Verunsicherung und Verdrossenheit[61]. Wenn Vieles in der Politik austauschbar erscheint (wie z.B. CDU, SPD, Grüne und F.D.P.), wenn aufgrund fehlender Zeit (oder Interesse?) der Durchblick fehlt, wenn Politiker alles andere als authentisch und vertrauensstiftend wirken, suchen sich die Ypsiloner Alternativen. Entweder durch Nichtwählen, schnelle und knappe Kommunikation in den sozialen Netzwerken oder tatsächliche Alternativen in der Politik. Wie auch die AfD, die einesteils Unsicherheiten verstärkt, sich gleichzeitig aber auch als Garant für sichere Lösungen positioniert.

Reibungen reiben, aber nur die bleiben später besser in Erinnerung. Wie eine Spritze bei der Behandlung einer Krankheit – gefühlt wirksamer, mit höherem Recall, viel mehr als nur orale Arzneimitteltherapien. Dasselbe gilt für Menschen mit Charisma, Charakter und Visionen. Menschen, an die wir uns erinnern. Menschen aus Politik und Öffentlichkeit sind letztlich auch nichts anderes als Marken. Zumindest falls sie markieren. Wie ein Götz Werner. Immer noch die Ikone der Drogeriemarktkette dm. Er hatte eine Vision, folgte seiner Mission, lebte vor, gestaltete dm nach seinen Gedanken und hatte auch seine „Followers“: Achtsam und wertschätzend zu sich und den anderen. Die überwiegend weiblichen Konsumenten erleben die Marke dm in jeder Filiale annähernd gleich. Zuvorkommendes, freundliches Personal, helle und übersichtliche Gänge, Regale auf Augenhöhe und ein Gefühl von Wertschätzung und Kompetenz. Quasi apothekenartig, aber emo-

[61] Politiker lassen sich relativ leicht mit Marken bzw. Markenpersönlichkeiten vergleichen. Starker, authentischer Auftritt wirkt (und polarisiert mitunter, ist nicht für jeden); schwach und nichtssagend geht unter. Was in der Politik mit dem Begriff Verdrossenheit umschrieben wird, wird im Marketing an sog. „Burnout-Marken“ festgemacht: Kein Mehrwert, keine Persönlichkeit, kein Erleben und die Folge Desinteresse und Nichtkauf, vgl. Florian Klaus, Starke Persönlichkeiten: Was Marken von Politikern lernen können, in: Research&Results 5/2014, S.32f.

tional viel näher. Mit eigenen Marken, die exakt dem folgen, was dm als Philosophie vorlebt. Keine Skandale, kein Marktgeschrei, keine typisch deutsche Service-Wüste: dm wird von den Mitarbeitern gelebt und entsprechend von den Verbraucherinnen erlebt. Besonders dann, wenn sich Frauen stärker mit sich oder (zukünftigen) Kindern befassen. Dann herrscht maximale Achtsamkeit vor, werden viele Details gemerkt und nicht vergessen. Authentisch aufrichtig – und aus Verbrauchersicht ganz ohne Werbung!

Neben dm gibt es weitere Dienstleister, die über starke Mitarbeiterbindung an das Unternehmen „gelebtes" Branding betreiben. Vor allem Anbieter aus dem IT-Sektor stehen als Arbeitsplatz bei GenYZ hoch im Kurs und verstehen, ihr Branding nach außen auch innen relativ problemlos zu leben. Einen enorm basisdemokratischen Ansatz unter Einschluss aller Mitarbeiter ist Bodo Janssen gefahren, Geschäftsführer der Upstalsboom-Hotels mit regionalem Schwerpunkt an Nord- und Ostsee. Getreu nach dem Motto „Wertschöpfung durch Wertschätzung" wurde in der Unternehmenskultur gemeinsam (!) mit den Mitarbeitern ein Paradigmenwechsel eingeleitet. Eine Kultur der Authentizität wurde dabei entwickelt, in der immer mehr Mitarbeiter im Unternehmen das leben können, was ihnen als Mensch wichtig ist und wofür sie Talente haben. Die Konsequenz der Umstellung: Über 80%ige Steigerung der Mitarbeiterzufriedenheit, Senkung der Krankheitsquote auf unter 3%, Steigerung der Gästezufriedenheit um 98% sowie eine Verdoppelung der Umsätze innerhalb von drei Jahren bei signifikanter Steigerung der Produktivität. Der Upstalsboom-Weg stellt den Menschen in den Mittelpunkt und sieht stets das motivierende Humanpotenzial in den Mitarbeitern, nicht die Zahlen oder Cluster. Gerade die jüngeren Mitarbeiter „teilen" ihre Erfahrungen über soziale Netzwerke – mit der Folge 500%iger Steigerung der Bewerberzahlen und deutlicher Absenkung der Mitarbeiterfluktuation. Zahlreiche Auszeichnungen als Top-Arbeitgeber folgten – und für junge Paare oder junge Familien der Generation Ypsilon als Hotelgäste stets die Gewissheit, dass hier die Mitarbeiter „gut" behandelt werden und gerne für Upstalsboom arbeiten.

Für viele Ypsiloner gilt, gut ist, was „grün" ist. Keine Generation davor hat sich so stark mit sich selbst, dem eigenen Körper und was „gut" für ihn ist, befasst. Du bist, was du isst. Ausgewogener, gesünder, „grüner" – was insgesamt wenig mit der grünen Bewegung oder der Partei „Die Grünen" zu tun hat. Trotz des von den Ypsilonern ausgelösten allgemeinen Runs auf grüne, vertrauensvollere Produkte kam es nicht zu einem neuerlichen Anstieg in der Öko-Bewegung, von einer ökologischen Kehrtwende im Energie- und Abfallverhalten ganz zu schweigen.

Alles, was das gute Gewissen hinsichtlich Ernährung unterstützt, ist zunächst einmal „besser als". Ob über gesündere Ernährung oder auch über nachhaltigere Lebensmittelbeschaffung (z.B. Hello Fresh, foodsharing, usw.). Wegen des generationenspezifischen Vegetarismus erlebt Fleischloses Hochkonjunktur. Der menschliche Fleischverzehr bleibt aber laut Statista mehr oder weniger konstant bei knapp über 60 kg Fleisch pro Kopf. Ein Indiz für zwei gegenläufige Trends: Immer mehr Menschen suchen dauerhaft (oder vorübergehend) nach Ernährungsalternativen zu Fleisch; weniger Menschen essen immer mehr Fleisch. Eine Analogie wie beim Bier: Kampftrinker und Fleischfresser verstärkt bei GenX und älter, vegetarischer Konsum und Bier in Dosen (sowohl als Gebinde als auch in verringerter Menge) bei GenY und jünger.

Das Umdenken im Konsum hat aber zahlreichen, kleineren Marken neue Chancen und mehr Gewicht in Märkten eröffnet. Berchtesgadener Land, Andechser sowie diverse Bio-Segmente des Handels (BioBio & Co.) konnten sich im Segment der Molkerei-Produkte als die gesünderen und damit belegbaren Preis-Premium-Angebote etablieren. Die Marke

Seitenbacher mit ihrer selbst gebastelten, aber deshalb umso authentischer wirkenden Radiowerbung konnte sich von einer kleinen Regionalmarke als skurrile, „grüne" Underestablishment Brand positionieren. Innocent war der Innovator für massentaugliche Smoothie-Kultur, da Obst zwar für die Ernährung wichtig ist, Obst schälen aber von Jahrgangskohorte zu Jahrgangskohorte immer weniger zeitgemäß und die To-Go-Kultur gleichzeitig ganz normaler Alltag wurde. Zwar ist Innocent längst nicht mehr allein auf seinem Markt unterwegs und hat es mit vielen günstigeren me-toos zu tun; dennoch forcierte diese Produktinnovation das Handeln der Ypsiloner im Lebensmittelkonsum.

Auch die Marke Schär aus Südtirol würde sich ohne die körper- und sinnesbetonten Ypsiloner immer noch in der Nische der Zöliakie-Betroffenen (0,19% Prävalenzrate in Deutschland) tummeln. Durch die Bewusstbarmachung von luft- und beschwerdefreiem Bauchgefühl („glatter Bauch") durch glutenfreie Ernährung gewann das Siegel „glutenfrei" immer mehr Anhänger und auch die Marke Schär mit ihrem stetig wachsenden Sortiment an glutenfreien Ernährungsangeboten erlebte entsprechendes Umsatzwachstum. Und auch die OMIRA GmbH wäre immer noch die eher unbedeutende Oberland-Milchverwertung Ravensburg geblieben, wenn sie nicht mit ihrer Marke „Minus L Laktosefrei" wachsenden Zuspruch von gesundheitsbewussten Ypsiloner-(Müttern) erhalten hätte. Die OMIRAs waren die ersten, die auf laktosefrei setzten.

Grüne Marken sind aus Ypsilon-Sicht die vermeintlich gesünderen und „guten" Marken; sie rechtfertigen auch einen höheren Preis. Zahlreiche andere Marken bemühen sich um vergleichbare Auszeichnungen. Einesteils führt das unter den immer härter werdenden Wettbewerbsbedingungen kompetitiver Märkte zu Differenzierung, zum anderen verstärken belastbare Reason-to-Believes Werthaltungen von Marken.

Während das Deutsche Reinheitsgebot bei Bier immer weniger Menschen der nachwachsenden, erlebnishungrigen Bierkonsumenten aus Why fesselt, da es bislang wenig emotional und wertstiftend wirkt, bestärkt das frosta-Reinheitsgebot den Konsumenten bei der Auswahl tiefgefrorener Mahlzeitenbausteine: Nur die Produkte von frosta erfüllen die 100%ige Auflage reiner Zubereitung – ganz ohne gesundheitsschädigende Zusatzstoffe! Demselben Anspruch folgen Mineralbrunnen wie Gerolsteiner und die Hassia-Gruppe, wenn sie Fresenius geprüft für sich Reinheit und garantierte Freiheit von jeglichen Zusatzstoffen deklarieren. Auch die Auszeichnung vegetarisch oder vegan löst unmittelbar positive Assoziationen aus. Relativ frühzeitig hat die Marke Katjes im von Haribo dominierten Fruchtgummi-Segment auf diese Schiene gesetzt und sich auf das damals noch junge Segment der Ypsilonerinnen mit ihren Wertvorstellungen positioniert. Das „v" reicht aus, um ein neues gutes Gefühl im Einklang mit der Natur auszulösen. Auch die österreichische Saft-Marke Rauch folgte erfolgreich diesem Beispiel in ihrer Linie Happy Day: Das durch die Vegane Österreichische Gesellschaft gesicherte Vegan-Siegel hat dabei zusätzlich positive Abstrahleffekte auf das Gesamtsortiment.

„Grün" funktioniert aber nicht in jedem Fall, wie das Beispiel von Coca Cola Life gezeigt hat: Wenn die Werte einer Marke in der Wahrnehmung der jungen, kritischen Konsumenten diametral zu Themen wie Gesundheit, Nachhaltigkeit und Ökologie stehen, dann bleiben solche Line Extensions Ladenhüter. Umso beachtlicher ist der Erfolg der Rügenwalder Mühle. Die nach Kriegsende von pommerschen Flüchtlingen gegründete Marke steht für Fleisch und Wurstwaren im Zeichen der Mühle. Noch vor 10 Jahren wurde die Marke ausnahmslos mit deftiger Wurst zum Schmieren verbunden („fette Mettwurst"), aber Rügenwalder war eine der wenigen Wurst-Marken, die über Werbung inszeniert wurde und deren Logo auch bei Ypsilonern präsent war. Was dann aber in der Folgezeit passierte, revolutionierte geradezu das innere Bild der Marke bei jungen Wurstkonsumenten. Zunächst führte Rügenwalder seine Streichwürste auch in Plastikschalen ein, was den jungen Wurst-Verwendern sehr entgegen kam, da sie nun nicht mehr die Streichwurst aus einem „ekligen" Darm oder einer Haut pellen mussten. Der Marke gelang es zudem, auch über Snacking-Produkte wie „Schinkenspicker" sein Kompetenzfeld zu erweitern. Die aufmerksamkeitsstarke Print-Kampagne über die gelebten Werte der Mitarbeiter und das sorgsame Umgehen der Metzger mit Natur und Tieren, erhöhte deutlich die Markensympathie: Rügenwalder wurde mehr als Werte erhaltendes Unternehmen gesehen und nicht in erster Linie als blutiges Metzger- und Schlachterhandwerk. Der inhaltliche Quantensprung wurde aber mit der Einführung vegetarischer Wurst vollzogen: Viele Ypsiloner mögen (aus Kindheitstagen) Wurst, lehnen aber Massentierhaltung, Massenfleischkonsum und „Tiere töten" ab. Vegetarisches bietet eine Alternative, doch Wurstgelüste blieben. Rügenwalder schloss diese Needs-Lücke erfolgreich und aufgrund des positiven Unternehmensimages glaubwürdig: Neuen, jungen Verbrauchergruppen wurde so der Zugang zum Wurstmarkt ermöglicht.

Wie bei Rügenwalder gilt auch für viele andere Erfolgsbeispiele bei GenY aus der Markenwelt: Sprich gut über mich! Positives WOM ist bei GenY die Währung der Zukunft für Markenerfolg. Wertschaffende Marken werden gerne zur Unterstützung des eigenen Ego bevorzugt. Im alltäglichen, gemeinsamen Konsum, aber auch im Chat erfolgen positive Marker. Erfahrungen werden gerne digital oder „by the way" geteilt. Ob unter Hebammen und Schwangeren, was die für Mutter und Kind beste Hautpflege betrifft (z.B. Weleda). Was den für die deutsche Servicelandschaft überraschend zuvorkommenden Service bei Telefonstörungen anbelangt (z.B. Telekom). Was den Coolness-Faktor junger Erwachsener auf der Suche nach einem amourösen „Abenteuer" unterstützt (z.B. Desperados). Oder was den über Berufsbelastung gestressten Akademikerinnen hilft, trotz wenig Zeit und hohem Anspruchsdenken den passenden Partner für eine langfristige Beziehung zu finden (z.B. parship oder elite-partner).

Im Umkehrschluss hat die Hochstilisierung von WOM bei Ypsilonern und Zettlern zur Folge: Wer einmal lügt, dem glaubt GenY nicht! Transparenz von Marken ist für diese Konsumentenkohorte entscheidend. Eine Vergleichbarkeit von Produkten und Unternehmen ist jederzeit möglich. Ein positives Image lässt sich immer schwerer aufbauen, ein gutes Image über shit storm schnell und kompromisslos zerstören. Marken, die vorgeben, „Gutes" zu tun, dann aber genau das Gegenteil an den Tag legen, werden diskreditiert und gebrandmarkt. Da sind die kritischeren Konsumentengenerationen deutlich radikaler als Babyboomer und deren jüngere X-Geschwister. Das musste mitunter die Marke Wiesenhof als Marktführer für Geflügelfleisch erfahren. Die über YouTube geteilten Aufnahmen über Hühnerschänder und die Bilder über die katastrophalen Lebensumstände des Federviehs in ihren Hähnchenmästereien erwürgen jeglichen Appetit auf Geflügel. Zwar wurde in der Folgezeit weiterhin Chicken konsumiert, das Image von Wiesenhof erlebte aber deutliche Dellen. Als dann im März 2016 die Stallungen in Lohne Feuer fingen, der „Wiesenhof brannte" und für das Unternehmen Millionenschäden entstanden, werden sicherlich nicht wenige tierliebhabende Ypsiloner zumindest insgeheim Schadenfreude empfunden haben.

Ähnliche Schicksale bezogen auf Image-Schäden erleben Unternehmen, die im Zusammenhang mit Mitarbeiterführung Negativschlagzeilen erhielten. Der multimedial ausgeschlachtete Vergleich der großen Fast Food-Ketten verschlechterte weiter den Eindruck von Burger King. Ohnehin mit deutlich schlechterem Standing als der Konkurrent McDonald's wurde ein Eindruck von Ausbeutung und Menschenverachtung der

Angestellten bei Burger King vermittelt. Und das in Kombination mit dem Megatrend nach Natürlichkeit, weniger fleischhafter Ernährung und Nachhaltigkeit. Im Ergebnis kein Sympathiebonus für die Whopper-Affiliates!

Was im Worst Case einer Negativspirale durch Negativeindrücke passieren kann, hatten Schlecker und Praktiker vorgemacht. Nur auf „billig" zu positionieren, vermittelt dem Verbraucher letztlich ein Gefühl, nur „Billiges" zu kaufen oder sogar sich selbst „billig" zu fühlen. Für die Ichlinge und Selbstinszenierer aus GenY ein Unding: Sie wollen alles andere als wertlos/billig erscheinen. Und meiden Unternehmen, denen ein Ruf von Ausbeutung, Unterdrückung und mangelnder Wertschätzung nachhängt. Den einstigen „Schlecker"-Frauen (= den Beschäftigten bei Schlecker) gehörte die gesamte Sympathie, die Läden selbst wurden aber gemieden. Der Markt ist immer gerecht: Schlecker tot, Praktiker abgeschafft – und selbst dem Textildiscounter Kik gelang es bislang wenig, das aus der Vergangenheit genährte Vorurteil der Kinderarbeit aus den Köpfen der Gegenwart zu bannen. Öffentlich wirksame Bloßstellung entspricht einer Brandmarkung! An den Pranger stellen und öffentlich diskutieren.

Wie bei den Großbanken. Wer schenkt da den Ypsilonern noch Sicherheit und Vertrauen? „Vertrauen aus Leidenschaft" der Deutschen Bank gehört der Vergangenheit oder der Welt der Märchen und Fabeln an. Die realistische Analyse aus GenYZ-Brille: Kostenintensive Gerichtsprozesse, überdimensionierte Boni-Zahlungen an wenig vertrauenswürdig erscheinende Vorstände, Einbruch des Aktienkurses, Schließung von Filialen, Stellenabbau – alles Indikatoren, die wenig glaubwürdig auf Vertrauen, Sicherheit oder Leidenschaft einzahlen. Mehr auf Leiden als auf Leidenschaft und soziale Nähe. Dann doch gleich zu Direktbanken. Diese sind zumeist „gesichtslos", versprechen keine überdimensionierten Werte, sind aber pragmatisch in den Alltag der digital versierteren Ypsiloner einzubinden. Auch Versicherungen und Energiedienstleister sind für die Ypsiloner nur noch notwendige Übel. Im Alltag werden sie benötigt, aber ohne persönliche Berater entsteht keinerlei markante Bindung mehr zu den Unternehmen. Alles austauschbar – bis auf die Preise. Vor allem Energieunternehmen: Der Strom kommt aus der Steckdose, woher der Strom tatsächlich gespeist wird, wissen wenige. Und welches Energie-Unternehmen wirkt auf GenYZ tatsächlich sympathisch, vertrauensvoll, auf Augenhöhe, innovativ bzgl. Energiewende, wertschätzend (nicht ausbeutend auf Kosten der Verbraucher)? Wer sucht den Kontakt mit den kritischeren, nachwachsenden Verbrauchern, wer pflegt den Austausch, wer verschafft Transparenz, wer verspricht Leistungen und Werte, die auch 100% eingehalten werden?

Eine schwierige Phase mit offenem Ausgang muss derzeit Europas größter Autobauer VW durchmachen. Nicht nur in Deutschland wurde selbstbewusst (oder großspurig!) mit dem Claim „Das Auto" geworben. Alles, was ein „gutes" Auto braucht. „Grüner" Treibstoff zielte in die richtige Richtung, um GenY zu berühren. Nicht nur in Deutschland, sondern auch in den USA. Aber werblich lügen (Golf TDI Old Wives Clean Diesel Commercial) durch Betrügen (Abgasmanipulation bei VW-Dieselfahrzeugen) erschüttert die Grundfeste jeglichen Markenvertrauens! Zumal GenYZ den sozialen Status immer weniger über PKW definiert und auf andere Dinge Wert legt. Klug ist nicht, wer keine Fehler macht, sondern der es versteht, die Fehler möglichst schnell zu korrigieren. Dieses Zitat von Lenin hätten die seit Ende der 1930er Jahre agierenden Wolfsburger viel stärker beherzigen müssen. Die Rücknahmeaktion nach dem Abgas-Skandal läuft insgesamt sehr schleppend, von einer Aufbruchsstimmung ist im VW-Management wenig spürbar. „Wir haben verstanden" war dereinst kommunizierter Claim eines Wettbewerbers; aktuell wäre dieser Claim ein unmissverständliches VW-

Leistungsversprechen. Sofern sich dann auch tatsächlich Grundlegendes und zum Guten ändert.

Denn in schnelllebigen Zeiten vergessen Menschen auch recht schnell. LidL und AfD sind als positive „marktwirksame" Beispiele für schnelles Vergessen zu werten. 2015 war die AfD kurz vor der Bedeutungslosigkeit gestanden. Innere Grabenkämpfe und der in der Gesellschaft fehlende Nutzen der Eurogegner-Partei ließen für die rechtspopulistische Partei ein ähnliches Verschwinden erwarten, wie ein paar Jahre zuvor für die Piraten-Partei. Doch dann kam die Flüchtlingskrise: Am Anfang Willkommenskultur, später dann Ängste vor Überfremdung, steigende Kosten für Integration, Islamisierung. Plötzlich ist die AfD wieder mitten drin im Lebensalltag. Leider auch bei Ypsilonern, die trotz aller Offenheit und Flexibilität Sicherheiten wünschen. Alles geht heute eben schneller. Auch das Vergessen.

Auch die Wahrnehmung von LiDL konnte sich binnen eines Jahres deutlich drehen. Noch vor wenigen Jahren wurden die Arbeitsbedingungen bei LiDL ähnlich wie bei der untergegangenen Drogeriemarkt-Kette Schlecker gesehen. Unerlaubte Beobachtungen über Kameras und menschenunwürdige Verhöre der Mitarbeiter brachten seit dem Abhörskandal aus dem Jahre 2008 die LiDL-Mitarbeiterführung in die Nähe von Stasi-Praktiken. Trotz Wachstumskurs in den Folgejahren blieben die Image-Werte von LiDL deutlich hinter ALDI, Edeka und REWE. LiDL lernte aber schnell aus den Fehlern. Die Menschen in und um LiDL wurden in den Mittelpunkt gestellt. In die Mitarbeiterführung wurde viel investiert, nicht nur in Deutschland, auch im expandierenden Ausland. Mit durchweg positiver Resonanz in den Fachmedien.

Seit Januar 2015 überraschte LiDL seine Wettbewerber mit einer emotionalen Kampagne und bislang nie zuvor realisiertem Werbedruck. Auf mehreren Kanälen und für unterschiedliche Bereiche des Alltagkonsums zeigt LiDL den Menschen, warum sich LiDL lohnt. Insbesondere auch für die Ypsiloner hochattraktiv: LiDL zertifiziert seine Schokolade mit Siegeln, die durchgehend Nachhaltigkeit garantieren, und von keinem klassischen Schokoladenhersteller wie Milka, Ritter & Co. in dieser Form garantiert werden. LiDL zeigt, worauf es bei frischen Backwaren ankommt – weniger das Handwerk, vielmehr die Zutaten und deren Verarbeitung. Tatsächliche Bäcker oder Back-Manufakturen sind im postindustriellen Zeitalter ohnehin die Seltenheit – deshalb vielmehr auf die Ingredienzen und eine schonende Verarbeitung Wert legen! LiDL überrascht auch durch viele andere Themen, liefert immer qualitativ gute, pragmatische Antworten und verstärkt den Eindruck durch drastisch verbesserte Ladenbaukonzepte. Die Filiale als Proof für das Leistungsversprechen. Der POS als Strukturhilfe für die schnell einkaufenden Y-Konsumenten mit stetig besser profilierten LiDL-Eigenmarken – neben einer überschaubaren Auswahl an Markenartiklern.

Wem es gelingt, authentisch zu berühren, aufrichtig zu vermitteln, aus Fehlern zu lernen, dem verzeihen Ypsiloner auch schneller. Hoffnung also für Markenartikler mit Schieflage in der Wahrnehmung. Und glücklicherweise drückt GenYZ auch mal ein Auge zu, wenn Missstände zwar bedrückend sind, der persönliche Vorteil aber überwiegt. Die korrupte FIFA, der Volksevent Fußball und die katastrophalen Bedingungen der Wanderarbeiter beim WM-Stadienbau in Katar als abschließendes Beispiel: Brot und Spiele machen mehr Spaß als eine WM abzusagen oder zu sabotieren...

Der vernetzte Konsument

„Unfortunately, no one can be told what the Matrix is. You have to see it for yourself."
The Matrix Triology (1999)

Die Ypsiloner waren die erste Generation, für die digitale Kanäle zum Berufsalltag gehörten. GenZ sind die eigentlichen Digital Natives, da ihre Generation bereits von Kindheit an mit Smartphones und Tablets aufgewachsen ist. Als Generation Smombie mit „Kopf unten auf das Smartphone gerichteter Körperhaltung" ist ein Lebensalltag ohne digitale Vernetzung praktisch undenkbar. Was früher Schreibgeräte und Zeitungen waren, sind heute Smartphones: Werkzeuge für die Verbindung zur Außenwelt. Mit dem Unterschied, dass die Verbindungen schneller, breitenwirksamer und vor allem mehrseitig erfolgen. Multichanel ist deshalb heute unumstößliche Pflicht für Markenartikler, wenn jüngere Konsumentengenerationen mit Botschaften erreicht werden sollen. Einfach nur „auch auf Facebook oder Instagram" präsent zu sein, ist zu wenig. Vielmehr geht es darum, im Internet „lebendig" zu sein und Followers zu aktivieren. Teilhaben lassen, mitteilen...

Aktivierung heißt aber wieder auch nichts anderes, als die Betrachter ins Staunen zu versetzen. Vielleicht durch Reibung, vielleicht durch Humor. Lachen befreit immer. Befreites Lachen ist der größte emotionale Ausdruck von Spaß haben. Wir lachen am meisten über den Humor, der eindeutig komisch ist. Wenn Satire, dann einfach. Nicht sarkastisch oder verdeckt. Geradlinig, für die meisten leicht dekodierbar. Wie Clips der BVG „Is mir egal", der Edeka, die schrägen Almdudler-Alpenländler-Spots. Oder politische Clips wie „Putin Kampfschlumpf" und Dieter Hallervordens „Erdogan, zeig mich an!" – am 11.4.2016 erstmals veröffentlicht, bereits am 13.04.2016 mehr als 1,6 Mio. Aufrufe. Lebendige Marken, lebendige („witzige") Politik. Kein „Herummerkeln". Aktivieren durch Aufmerksamkeit und eine Portion Andersartigkeit in der Ansprache.

Was „anders" ist, überrascht eher. Immer dasselbe langweilt. Erst Recht in der Multichanel-Kommunikation. Gerade in Social Media wird nach kanalspezifischer Andersartigkeit im Auftreten der Marken gesucht. Markenpersönlichkeit und die Markeninhalte sollten aber letztlich dieselben bleiben. Aber YouTube ist als Format anders als eine Tageszeitung (die von GenYZ sowieso immer weniger gelesen wird). Soziale Medien sind komplex, aber sie bieten Marken auch unermessliche Chancen, um emotionale Nähe bei den Millenials aufzubauen oder zu verstärken. Social Media-Aktivitäten sind die neuen Überraschungs-Blumensträuße einer auf Dialog ausgerichteten Markenstrategie. Immer wieder überraschen mit neuen Details, neu aufbereiteten Inhalten der Markengeschichte, die einfach Spaß machen. Letztlich setzt Social Media Management dort an, was früher unter Guerilla-Marketing in die Schmuddelecke der Markenführung verbannt wurde. Heute ist Andersartigkeit nicht nur erlaubt, sondern wird von den neuen Verbrauchern sogar erwartet. Der für IT-Strategien von Unternehmen verantwortliche CIO wird letztlich immer wichtiger. Am Ende sogar wichtiger als ein nur von der Unternehmens- oder Markenseite agierender Marketing-Experte. Denn ein tatsächlicher CIO ist ständig auf Tuchfühlung mit den Kunden – und lässt sie über seine Abteilung teilhaben an der Markengestaltung!

Das ist auch der zentrale Unterschied zur vergangenen Markenführung: Stetige Interaktion mit Zielkunden. Es geht mehr um ein „Customer Management" als um ein „Brand Management". Teilhaben lassen, nicht in erster Linie auf Abverkauf drängen. Markenspezifische Abverkaufsprognosen auf Basis von Ex-Ante-Testmarktanalysen werden bei weiterhin stetig fallender Markenloyalität ohnehin unsicherer. Deshalb wird es kanalübergreifend darum gehen, dass Marken mit psychologisch nachgewiesener Relevanz bei den Ypsilon-Kunden Aufmerksamkeit und Sympathie aufbauen. Aufmerksamkeit nicht um jeden Preis, aber in jedem Fall aufmerksam genug, um im Zeitalter des „information overload" überhaupt wahrgenommen werden zu können. Und da Markenloyalität bei den „neuen Verbrauchern" immer schwerer zu erreichen sein wird, kann es Ziel intelligenter Markenführung nur sein, langfristig Sympathie zu erhalten.

Marken, die in bestimmten Kontexten für uns eine Rolle spielen können, insgesamt emotional positiv aufgefallen sind und immer wieder überraschen (ins Staunen versetzen, zum Lachen/Schmunzeln verleiten, stets etwas neues Spannendens mitzuteilen haben, uns ernst nehmen, usw.) erhöhen ihren Salienzfaktor. Ein Plus an Aufmerksamkeit und Sympathie sorgt dafür, dass Marken einen Platz im Evoked Set einer möglichen Markenauswahl erhalten. Je stärker sich eine Marke über das bisherige Markenerleben verankert und je eindringlicher WOM-Effekte das eigene Erleben bestätigen, desto wahrscheinlicher ist später auch eine situative Entscheidung für diese Marke. Viele Wenns, viele Abers. Aber Einbahnstraßen-Marketing hat leider ausgedient.

Das Netz weiß alles. Per Scrollen durch die Weiten des Internets lassen sich die meisten Wissenslücken relativ unkompliziert schließen. Über Fragen, die früher überhaupt nicht interessiert hatten, nun aber schon: Immobilienfinanzierung, Geografie eines exotischen Reiselandes, biologische Hintergründe über den Magen-Darmtrakt, Wechsel von Energiedienstleistern, Dekorationsvorschläge für Empfänge, Kochen wie zu Großmutters Zeiten, Probleme mit Software Applikationen etc. (Fast) alles lässt sich leicht erschließen. Das einstige „Wissen ist Macht" von Francis Bacon hat ausgedient. Wozu Latein? Wozu Fontanes Effie Briest rezitieren? Weshalb ständig lernen? Wer pragmatisch und effizient handelt, kommt schneller zum Ziel. Auch wenn die Informationen digital mitunter oberflächlich sind, erhalten die jüngeren Generationen einen schnelleren und flexibleren Einblick in die unterschiedlichsten Themen als deren Vorgängergenerationen - wie z.B. in die Behandlung von Krankheiten und möglicher Therapien. Für ältere Jahrgänge unter den Kassenpatienten war der Zugang zu alternativen Behandlungsoptionen zumeist eingeschränkt: Der Arzt war die unangefochtener Koryphäe, zusätzliches Wissen über Krankheitstherapien konnten sich diese Patienten nur über erlesenes Wissen oder mehr oder weniger konkrete Hinweise aus dem laienmedizinischen Bekanntenkreis erarbeiten. Das seit der Antike gepflegte Rollenbild eines gegenüber Patienten und seinen Leiden wissenden Arztes blieb unberührt: Ich Arzt, du Patient, den ich behandle.

Mit der Digitalisierung und dem über die Kindheit gelernten „Gleichen-Augenhöhe-Prinzips“ wird dieses Rollenverständnis und Standesdenken weniger haltbar sein. GenY wird mit steigendem Alter und bei schwerwiegenderen Erkrankungen dem Arzt deutlich proaktiver begegnen. Die Generationen aus Y und Z wissen, dass Wissen verfallen kann; dass technische und pharmakologische Neuheiten schneller im Netz als dem Arzt bekannt sind; dass über die digitale Verfügbarkeit von Wissen nicht jeder Expertenmeinung uneingeschränkt Folge zu leisten ist. Zudem machen Publikationen über verbesserte Diagnosefeststellungen aufgrund von zukünftigen Softwarelösungen die nachwachsenden Patienten immer mutiger, selbst nach laienmedizinischen Alternativen neben dem ärztlichen Rat zu suchen. Auch die Medizintechnik schreitet immerzu weiter mit computer- oder robotergestützten Anwendungen voran, die beispielsweise sicherere chirurgische Eingriffe garantieren als das ggf. zittrige Handanlegen von Fachärzten unterschiedlichster Profession. Für viele niedergelassene Ärzte eine Horrorvorstellung, die alsbald zur Regel werden dürfte: Patienten, die mit eigenen Vorstellungen und selbst ermittelten Informationen in die Sprechstunde gehen und damit die psychologische Selbstwirksamkeitserwartung des behandelnden Arztes „untergraben". Über Psychodrama-Analysen der K&A BrandResearch wurde bislang ein aus Arztsicht aufmuckendes Verhalten nur Privatpatienten, Lehrern, zeitgestressten Managern und auf pflanzliche/ homöopathische Therapien ausgerichteten Patienten zugeschrieben. Mit einer älter werdenden und zugleich fordernd agierenden GenY wird das hierarchische Rollenverständnis aber eher zur Ausnahme werden.

In einigen Indikationen hat sich das Prinzip auf gleicher Augenhöhe bereits heute schon durchgesetzt. Der Einsatz von Botox und weitere schönheitschirurgische Maßnahmen werden zumeist patientenzentriert abgestimmt. Auch der Anstieg von Mehrlingsgeburten und von künstlicher Befruchtung in den letzten Jahren ist weniger einem ausnahmslos demografischen Trend geschuldet, als vielmehr ein Produkt aus Angebot und Nachfrage: Zwar verschiebt sich das durchschnittliche Gebäralter weiter in Richtung Alter 35, was die Phase einer möglichen Mutterschaft und ihre tatsächliche Realisierung deutlich (altersbedingt) eingrenzt[62]; die Nachfrage nach fertilitätsfördernden Maßnahmen nimmt aber mit einer sich stetig verbesserten Erfolgswahrscheinlichkeiten der Eingriffe zu. Auch ist der hohe Anteil von eingeleiteten Kaiserschnitten weniger als ein ausschließlicher Indikator für eine Zunahme an Schwangerschaftskomplikationen zu bewerten, sondern mitunter auch ein patientengeleiteter Trend der Vermeidung schmerzhafter Geburten.

[62] Laut Ergebnissen der demografischen Fertilitätsforschung sind Männer gleichermaßen von Unfruchtbarkeit betroffen (je 30-40%). Mögliche Ursachen für die steigende Infertilität bei Männern sind veränderte Ernährungs- und Lebenseinstellungen (Stressempfinden) sowie ein Aufschieben einer Elternschaft in höhere Altersstufen mit abnehmender Samenfruchtbarkeit.

Ein in jedem Fall positiv zu bewertender Effekt der Ypsilonisierung ist eine verbesserte Men's Health: Mit Generation Y beginnt eine Revolution der gesundheitlichen Vorsorge – auch bei Männern. Männer des alten Schlages gingen so gut wie gar nicht zum Arzt. Wer seinen Mann steht, leidet nicht. Männer wie John Wayne, Bruce Willis oder Clint Eastwood. Meistens wurde der Arzt erst dann aufgesucht, wenn es eigentlich zu spät war oder die Beschwerden den Berufs- und Lebensalltag dramatisch tangierten. Der „neue" Mann geht heute schon deutlich achtsamer mit sich im Berufs- und Arbeitsleben um, hört auf sein inneres Ich, beschäftigt sich früher und auch intensiver mit Vorgängen in seinem Körper. Gute Vorzeichen also, dass der Mann nicht mehr von der Frau zum Arzt geschickt wird; der männliche Ypsiloner nimmt seine Gesundheit selbst in die Hand.

Aber nicht nur Gesundheitsverhalten und Elternschaft verändern sich. Auch die Bewertung von Sterben und Tod erfährt eine entkrampfte Sichtweise. Klassischen Beerdigungen hängt eine emotionale Schwere und eine Dramaturgie der Tristesse an. Kirchengeläut, trauernde, in Schwarz gekleidete Lebensbegleiter, Totenmesse und Sargschau sowie die Zeremonie des Vergrabens im Erdreich. Die Ypsiloner suchen zwar den Rückhalt sinnstiftender Kulturtraditionen. Religiosität i.S. einer Suche nach dem Lebenssinn ist bei den Ypsilonern auch stärker verankert. Religion wird aber immer weniger gelebt. Zudem sucht GenY nach Erleichterung und somit einer Reduktion der Schwere des Abschieds. Kein brutaler Schnitt, sondern ein „irgendwie freundlicheres Abschiednehmen" in einem Miteinander von Lebenden und Toten. Waldbestattungen gewinnen deshalb wachsenden Zuspruch bei Ypsilonern, wenn sie Freunde oder Verwandte bestatten. Der Bestattungsdienstleister Friedwald vermeidet Strukturen in der Begräbnisinszenierung von oben herab. Eine Mitgestaltung des Abschieds durch die Trauernden in den Friedwäldern ist gewünscht, die den Millenials so wichtige Freiheit und Unverbindlichkeit auch beim letzten Gang garantiert. Auch in der Zielgruppenansprache umgeht Friedwald eine schwülstige Schwere, ohne die Würde der Trauernden und der Toten zu verletzen. Vielmehr wird auch am Grab Hoffnung und Nach-Vorne-Schauen vermittelt durch die Lebendigkeit des Waldes selbst mit seinem Vogelgezwitscher, dem Duft nach Laub und putzigen Eichhörnchen. Das Leben ist schön, das Ableben nicht allzu schwer.

Und das Leben und die Lebenswelt lässt sich heute ganz einfach über Smartphone und Tablets gestalten. Was relevant für die neuen Verbraucher ist, damit wird sich auch beschäftigt. Schnelles Wissen, weniger Lesen. Halbsätze und Headlines dominieren die Welt – insbesondere bei den noch pragmatischer handelnden Zettler. Schreiben und Lesen langer Texte ist „out“. Es muss schnell gehen. Was nicht auf dem Punkt ist, erzeugt Langeweile. Und sich zu lange mit etwas beschäftigen müssen, strengt an. Am besten Informationen gefiltert, vorselektiert oder als laufende Bilder. Das auch auf ältere Semester übergreifende Smombie-Verhalten im Straßenverkehr fördert generationenübergreifend schnelle Informationsselektion und Weiterverarbeitung. Und eine ständige Sinnesüberreizung, die zu Ablenkung und Unachtsamkeit führen. Im Straßenverkehr, im Berufsalltag, im täglichen Miteinander. In diesem Umfeld wird auch das Ende der klassischen Printmedien eingeläutet: „Die Zeit“ lesen bereits heute nur Menschen mit „viel Zeit“, aber auch Tageszeitungen, gesellschaftsprägende Formate wie Spiegel, Focus, Stern & Co. haben es bei GenYZ zunehmend schwerer. Die ersten Vorboten einer sterbenden Lesezeit sind der Untergang der Buchclubs: Der Club Bertelsmann prägte die Mittelschicht der Nachkriegszeit, deren Club-Mitglieder bis zur Auflösung brav und pflichtbewusst quartalsweise ihre Bücher kauften. Neue Mitglieder zu generieren, fiel den Buchclubs bereits in Generation X schwer. Doch auch der stationäre Buchhandel geht immer schwierigeren Zeiten entgegen. Häuser wie Dussmann oder Thalia präsentieren sich wie „Showrooms“ des Belesenseins und des Eintauchens in die Welt der Bücher. Aber wie oft findet dieses Begehen und Lustwandeln überhaupt noch statt? Und wieviel wird am Ende tatsächlich eingekauft? Schneller und schnörkelloser geht das über Amazon. Ein Klick, eine Bestellung – ob als Print oder Download.

Buchclubs, Buchhändlern und auch Verlagshäusern ist der Trend des weniger Lesens durchaus bewusst. Rückgänge in den Abos und in den Verkaufszahlen belegen die Rezession im (einstigen?) Land der Dichter und Denker. Fakten, Fakten, Fakten – der Fokus von GenYZ verschiebt sich! Ob öffentlich zugängliche Informationen den Statuten des freien Journalismus entsprechen, ist zunächst einmal nachgelagert. Zuerst einfach aufbereitete Information, danach (vielleicht) Nachfragen. Dass digitale Aktivitäten durchaus auch die Meinungsfreiheit beschneiden können, hat die NSA-Affäre gezeigt. Direkt gefragt, antworten die meisten Befragten – insbesondere GenYZ -, dass ein Abhören „schlimm“ sei. Konsequenzen für das eigene Verhalten: Minimal bis nahe Null. Wir sind doch alle davon betroffen. Und in der Freiheit und Multioptionalität fühlen sie sich nicht eingeschränkt. Es wird ja auch nichts bemerkt.

Über die ständige und kostenfreie Verfügbarkeit von Informationen im Internet haben die neuen Konsumenten gelernt, dass es einen für sich ausreichenden Journalismus für „kein Geld“ gibt. Online-Ableger von Titeln wie spiegel.de, Focus online, u.v.m. verstärken sogar den Eindruck einer kostenlosen Informationsaufbereitung. Alles ganz umsonst. Völlige (kostenlose) Wahlfreiheit der Online-Formate, wann immer ich etwas haben will, je nach Lust und Laune. Bindung sieht sicherlich anders aus. Wie ein Ehevertrag. Bei Titeln kaum. Denn diese Beziehungen lassen sich mit einem Klick schnell beenden, weshalb sich Online-Formate renommierter Titel auch als die hilflose Suche nach Content beim weniger bindungsbereiten Leser aus YZ bewerten lassen. „Im Netz zu sein", bedeutet noch keine Bindung. Leider. Auch eine Marktbereinigung der Verlagshäuser wird sich aufgrund des Konsumverhaltens von Y und Z nicht vermeiden lassen. Die Buchclubs sind schon verschwunden, der stationäre Handel für Medienartikel (Thalia, MediaMarkt), für Versand (z.B. Quelle, Otto) und auch für Lebens- und Arzneimittel erhält zunehmend drückende Konkurrenz von Online-Anbietern (Amazon, Ebay, Zalando, DocMorris, REWE-online etc.); auch Tageszeitungen werden sich auf ein kleiner werdendes Segment von Nutzern fokussieren müssen, die Entschleunigung lieben beim Durchblättern von Zeitungen. Weniger Leser, weniger erreichte Zielkunden. Wird sich Print in Zukunft noch als relevantes Medium für Anzeigen lohnen? Für die schnelle Masseninformation rücken YouTuber und Blogger in die Rolle des aufklärenden Journalismus. Mit mehr Spaßfaktor, einfachen Übersetzungen, weniger Ernst und Belehrung.

Ganz neue Zugänge zu den neuen Verbrauchern, neues Denken auch im Marketing, z.B. durch Influencer Marketing. Der Einfluss von Personen in sozialen Netzwerken wächst, die aufgrund ihrer sozialen Autorität, ihres Ansehens und ihrer Glaubwürdigkeit Wegweiser für erfolgreiche Markenkommunikation sein können[63]. Je komplexer der Lebensalltag wird, umso weniger bleibt bei Entscheidungen die Zeit, sich intensiv mit den zugrundeliegenden Informationen auseinanderzusetzen. Was in den Blogs steht, wird schon „irgendwie" richtig sein: Crowdsourcing als notwendige Lebensvereinfachung für die neuen Verbraucher. Je geringer die Wirkeffekte etablierter Marketingmaßnahmen ausfallen, desto attraktiver werden dann aber auch Aktivitäten rund um das Influencer Mar-

[63] Die Verkaufsthesen des modernen Influencer-Marketings gehen auf den Bestseller „Influence: Science and Practice" (2001) des US-amerikanischen Psychologen und Wirtschaftswissenschaftler Robert Cialdini zurück. Mit der Verbreitung sozialer Netzwerke wie Facebook, Twitter & Co. seit 2009 nahm die Popularität seiner Thesen weiter zu.

keting. Ziel eines proaktiven Marketings: Durch den Einsatz von Influencern das Vertrauensverhältnis dieser Leitfiguren zu ihrem Fan- & Friend-Publikum für den Ausbau der Markenbeziehung zu nutzen. Gut über unsere Unternehmungen, unsere Aktivitäten, unsere Gemeinsamkeiten posten über moderne Multiplikatoren. Ein Influencer hat in der „Bloggoshäre“ nicht nur Einfluss auf viele Menschen (= die Crowd), sondern außerdem auch auf andere Blogger. Und auf dessen Followers. Es geht immer vernetzter zu.

Die Ypsiloner werden auch die erste Generation sein, die den Übergang zum Internet of Things vollends erfasst. Der PC als Gerät verschwindet und wird mittelfristig durch intelligentere Devices ersetzt, die Menschen bei ihren Tätigkeiten fast unbemerkt unterstützen. Die Verknüpfung von realer und virtueller Welt ist für GenYZ eine nicht anzuzweifelnde Zukunftsrealität. Miniatur-Computer und Sensoren in den unterschiedlichsten Alltagsroutinen werden schon bald das Leben prägen, sei es durch automatisierte Heizungsanlagen mit integrierten Apps zu Wetter, Energieaufwand, Wartungsarbeiten u.a., sei es über Weiterentwicklungen des iWatch-Gedankens mit zahlreichen Hinweisen zu einer gesünderen Lebensführung oder sei es über den privaten oder öffentlichen Einsatz von Drohnen zum Schutz (oder zur Überwachung?). Während der CeBIT 2016 wurde das Internet of Things (IoT) als der zentrale Hebel für weitere Digitalisierung der Lebenswelten definiert. In manchen Lebensbereichen hat bereits heute IoT Einzug gehalten; beispielsweise in der automatisierten Gartenpflege mit solargetriebenen Mährobotern. Oder in der Hochleistungsmedizin. Während der CeBIT 2016 präsentiere SAP Straßenlaternen mit integrierter Ladetechnik für Elektrofahrzeuge. Intel stellte einen Weinberg mit Solarstation vor, der dem Winzer via Smartphone Informationen über den aktuellen Reifegrad seiner Weinreben zukommen lässt. Die größte Attraktion war der von den Firmen Aldebaran und IBM entwickelte humanoide Roboter „Pepper“, der nicht nur 20 Sprachen erkennt, sondern auch die Emotionen seines Gesprächspartner aufgrund des registrierten Gesichtsausdruckes. Tatsächliche und virtuelle Welten werden immer enger zusammenrücken, eine „schöne, neue Welt“ für die Generationen Y und Z realistischer.

GenZ wird der Wandel noch stärker erfassen. Als „Generation Swipe“ ist das „Netz“ ein nicht wegzudenkender Bestandteil ihres Lebens. Sie sind von Kindheit an hineingewachsen. Die digitale Welt ist für GenZ völlig normal und alternativlos. Zudem lassen sich dadurch Realitäten selbst erschaffen. Und unterstützen ihr bislang gelebtes Pippi-Langstrumpf-Theorem: Keine Konventionen einhalten, ein eigenes Regelwerk in der eigenen Villa Kunterbunt erschaffen. Besonders dann, wenn Dinge nicht so laufen, wie gewünscht. Wegklicken, Abschalten, Neustarten – was mir beliebt, wie ich es will. Bei Unterhaltung, Informationen, im Miteinander – aber auch bei Marken.

Fazit: Neues Markenerleben bei GenYZ

GenYZ wird in den nächsten Jahren das Konsumentenverhalten mit ihrem Pragmatismus, ihrer multimedialen Vernetzung und ihrer Multioptionalität noch viel stärker prägen. Marken ohne Gesicht stehen vor dem Abgrund. Marken, die mit viel Geschrei junge Verbraucher belehren wollen, aber auch. Falsche Geschichten bleiben auch dann falsch, wenn sie laut und inhaltsleer sind. Weniger Burnout einer Marke als vielmehr Belanglosigkeit beim neuen Verbraucher!

Unserer Meinung nach gibt es aber auch vier zentrale Chancen für Markenartikler, um Konsumenten auch in Zukunft an Marken binden zu können:

1. **Stets aus den Konsumenten heraus denken** und in ihrem Sinne handeln: Wer als Marke den Dialog mit den Zielkunden sucht, ist näher dran am neuen Verbraucher, versteht dessen Bedürfnisse, ist mit ihm auf Tuchfühlung. Ich-Marken haben es schwer, WIR-MARKEN deutlich leichter. Aber nur Dialog-Marken sind WIR-MARKEN!
2. **Aufmerksamkeit an den für Verbraucher relevanten Kontaktpunkten auslösen**: Nur wer Interesse weckt, berührt die Menschen, bleibt in Erinnerung. Was GenYZ nicht erlebt, wird gnadenlos vergessen. Aus den Augen, aus dem Sinn ...
3. **Authentisch und glaubwürdig** als Markenpersönlichkeit sein! Wer Werte vorlebt, diese beweisen kann, hat Vorbildfunktion und bietet Sicherheit. Ganz besonders beim kritischen „neuen" YZ-Verbraucher, der auf der einen Seite schnell ist mit Kritik, aber letztlich sich so sehr nach glaubwürdigen Vorbildern sehnt!

4. Ypsiloner LIEBEN **Erlebnisse**. Marken müssen erlebbarer sein. Nicht nur im Regal, nicht nur über Standard-Werbung, sondern über attraktive Erlebnisse in unterschiedlichen Kanälen. Je „echter“ diese dort jeweils erlebt werden, desto mehr werden sie geteilt.

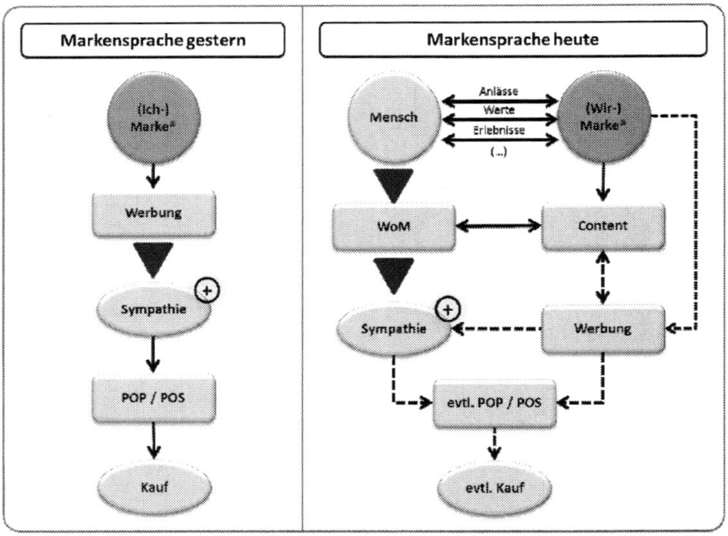

Abbildung 5: WIR-MARKEN-Kommunikation für Gen YZ

Ein durchgängiges Patentrezept für eine generalisierbare Markenführung bei den Millenials gibt es nicht. Aber folgende Grobhierarchisierung lässt sich in der Wirkung aus Verbrauchersicht ableiten:

Goldstandard ist sicherlich die direkte Interaktion einer Marke mit Menschen im **Gleiche-Augenhöhen-Prinzip** (z.B. über erlebte, geteilte Events). Sie führen im zweiten Schritt zu einem glaubwürdigen, authentischen Word of Mouth: Spiegelneuronen funken bei Input von peers stärker als über „08/15-Reklame“. Der positive Eindruck lässt sich drittens über redaktionellen Content einer Marke verstärken (z.B. Giveaways, YouTube, usw.). Am Ende kommt die klassische Werbung, die zwar plakativ die Positionierung einer Marke wiedergibt und grundsätzlich für die Markenführung wichtig ist: Für Verbraucher von GenYZ ist Werbung aber leider nur „Werbung“ – und analog Politikverdrossenheit herrscht allgemeine „Werbemüdigkeit“ vor.

4 WIR-MARKEN sind Chefsache

Erfolgreiche Marken berühren, gewinnen und bewegen Kunden-Herzen

"Das Streben der Menschen nach Glück verändert die Welt."
Horst Köhler

Glückliche Mitarbeiter sind dabei der Motor der WIR-MARKEN-Botschaft. Wenn Unternehmen ihre Leute schlecht behandeln, leidet darunter nicht nur das Betriebsklima, sondern auch die Produktivität. Das hat das US-Beratungsunternehmen Gallup in einer Studie zur emotionalen Bindung von Mitarbeitern an ihre Arbeitgeber herausgefunden. Die Autoren der Gallup-Studie nennen fünf Faktoren für das Glück: [64]

- Berufliches Wohlbefinden
- Soziales Wohlbefinden
- Finanzielles Wohlbefinden
- Physisches Wohlbefinden
- Gemeinschaftliches Wohlbefinden

Die Stanford Graduate School fasst die Formel für glückliche Mitarbeiter anhand von vier Schlagwörtern zusammen: [65]

- **Höhere Bedeutung**, Teil eines sinnvollen Projektes zu sein

---

[64] Gallup-Studie: Gallup Engagement Index 2012. Berlin
[65] Stanford Graduate School of Business (2010) The psychology of happiness. Case: M-333

- **Eigenständigkeit**, selbstbestimmtes Arbeiten und die eigenen Stärken nutzen
- **Menschen**, bedeutsame Beziehungen aufbauen und Erfahrungen austauschen
- **Einfluss**, Wertschätzung erfahren und Dinge verändern

Unsere Definition von Glück in der Arbeitswelt: Eine WIR-MARKE schenkt Vertrauen und schafft Raum für Selbstverwirklichung. Sie macht jeden Mitarbeiter zum Unternehmer/Markenbotschafter und gibt ihm die Verantwortung, sein persönliches Glück zu gestalten und ein erfülltes Leben zu führen.

„All you need is love" – Liebe ist alles, was du brauchst. Was die legendären Beatles besangen, treibt immer mehr Menschen um. Die entscheidende Frage lautet: Was macht uns glücklich? Ein stressiger Job, der Monat für Monat das Konto füllt, aber die freie Zeit auffrisst oder doch mehr Zeit für Familie und Freunde – und damit auch die Liebe. Oder wünschen wir uns lieber eine Aufgabe, die uns erfüllt, die Leben und Beruf in eine Balance bringt – die Glück verspricht? Dieser Frage widmete sich bereits der Schriftsteller Heinrich Böll in seiner „Anekdote zur Senkung der Arbeitsmoral". Die Geschichte erzählt von einem Fischer, der zufrieden am Hafen liegt, bis ihn ein Tourist darauf hinweist, dass er viel mehr Geld verdienen könne, wenn er nur öfter aufs Meer hinausfahren und Fische fangen würde. Schließlich würde er reich werden und könnte sich mehr Boote und Angestellte leisten – bis er irgendwann gar nicht mehr arbeiten müsse. Aber das beeindruckt den Fischer nur wenig: Denn er genießt ja bereits seine freie Zeit, ohne Stress, ohne Druck – und ohne Angestellte. Bringt ein Berg voller Arbeit am Ende zwar viel Geld, aber keinen tieferen Sinn für unser Leben? Die Glücksfrage stellen sich auch immer mehr Manager und Personalchefs.

Was ist Glück?

Was ist nur dieses Glück? Dieser Frage jagt die Menschheit seit Jahrtausenden hinterher. Das Wort Glück kommt vom mittelhochdeutschen Begriff „Gelücke", das so viel heißt wie „gelingen"; ein glückliches Leben ist demnach ein gelungenes Leben. In eine Formel gießen lässt sich die persönliche Empfindung jedoch freilich nicht so leicht wie etwa die Relativitätstheorie. Doch die Wissenschaft versucht sich trotzdem an Definitionen: „Happiness" lässt sich als emotionales Wohlbefinden beschreiben, das Glücklichsein im Moment meint. Aber auch als kognitives Wohlbefinden – also ein dauerhaftes Gefühl der Zufriedenheit im Leben.

„Ziel des Lebens ist Selbstverwirklichung. Das eigene Wesen völlig zur Entfaltung zu bringen, das ist unsere Bestimmung."

Oscar Wilde

WIR-MARKEN sind Chefsache. Wer der Spur des Glücks folgt, trifft auf einen entscheidenden Konflikt zwischen Chef und Arbeitnehmer: Mitarbeitern sind Anerkennung und Lob am wichtigsten, Führungskräfte setzen dagegen oftmals auf den Faktor Bezahlung. Doch dass Geld nicht alles ist, beschreibt bereits ein Klassiker der Wirtschaftswissenschaften: die Bedürfnispyramide des amerikanischen Psychologen Abraham Maslow. Sind beim Menschen erst mal Grundbedürfnisse und soziale Bedürfnisse gestillt, steht für ihn ganz oben auf dem Zettel, sich selbst zu verwirklichen. Doch dieser Wunsch kommt bei vielen Chefs niemals an. Das bringt Probleme: Die Autoren der Gallup-Studie fanden heraus, dass nur jeder siebte Arbeitnehmer eine enge Bindung zu seinem Arbeitgeber aufbaut. Bitter für beide Seiten. Denn ein Job darf auf keinen Fall dazu führen, dass sich Menschen von ihrem Arbeitgeber entfremden. Im Gegenteil: Eine erfolgreiche

GLÜCKS-WIR-MARKE bringt die Werte von Unternehmen und Mitarbeitern zusammen.

Ein hohes Gehalt bringt also kein Glück im Leben? Keine Frage, jeder Arbeitnehmer verdient lieber 5000 Euro statt 2000 Euro. Aber es gibt eine Grenze: Das fand der Wirtschaftswissenschaftler Richard Easterlin bereits 1974 heraus, als er für seine Theorie des Easterlin-Paradoxons untersuchte, wie Glück und Reichtum zusammenhängen. Er fasst seine Erkenntnis so zusammen: *„Wenn grundlegende Bedürfnisse gestillt sind, führt mehr Reichtum nicht zu mehr Glück."* Doch wie werden onzerne dann zu erfolgreichen WIR-MARKEN?

Wie lässt sich eine GLÜCKS-WIR-MARKE aufbauen?

„Unternehmen müssen um die Menschen herum entstehen und nicht die Menschen in das Unternehmen integriert werden."
Walter Gunz (Mitbegründer von Saturn/Media-Markt)

Sich selbst verwirklichen, seine eigenen Werte leben: Die Wünsche der Arbeitnehmer scheinen klar zu sein. Doch wie setzt eine GLÜCKS-WIR-MARKE die Theorie in die Praxis um? Wenn es um die Arbeit geht, müssen die Bedingungen stimmen: Wer im Job aufgehen möchte, braucht möglichst große Freiräume und Vertrauen der Vorgesetzten. Beispielsweise bieten sich mobiles Arbeiten und flexible Arbeitszeitmodelle an. Je mehr Vertrauen ein Mensch verspürt, umso mehr fühlt er sich ermutigt, nach Bedeutung zu streben, den Moment zu genießen und die schönen Dinge des Lebens zu schätzen. Experten sprechen von positiver Psychologie. Richard Layer, Mitautor des „World Happiness Reports" bezeichnet die persönliche Freiheit als Glücksfaktor für den Menschen. Wenn ein Mitarbeiter einen tieferen Sinn in der Arbeit erkennt, sehnt er sich nach mehr Arbeit und versteht sie als Berufung. Der Sinn drängt das Geld in die Nebenrolle. Auch Derek Bok, ehemaliger Präsident der Harvard-Universität, hinterfragt das reine Streben nach Gewinnen: *„Sollte es sich herausstellen, dass steigende Einkommen die Amerikaner nicht glücklicher machen, wie es jüngste Untersuchungen auch belegen, warum sollten wir dann so viele Stunden arbeiten und Umweltkatastrophen riskieren, nur um unser Bruttoinlandsprodukt immer wieder zu verdoppeln."*

Nur wer Spaß an seiner Arbeit hat, kann positive Emotionen freisetzen. Und wenn der Spaß stimmt, kommt eine mächtige Hilfe zum Einsatz: die Motivation. Sie treibt den Menschen an wie ein Motor. Wichtig dafür: Ein extrinsischer Anschub, also Einfluss von außen. Ein kreatives Arbeitsumfeld schafft beispielsweise Freiräume, um sich zu entfalten. Wenn Mitarbeiter selbst bestimmen, lodert die Motivation viel stärker in ihnen. Wer die Früchte seiner Arbeit sieht, wird mit Glücksgefühlen überschüttet. Allerdings läuft es in der heutigen Arbeitswelt oftmals ganz anders: Die Arbeitsteilung drängt Arbeitnehmer in eingefahrene Prozesse, viele fühlen sich als kleines Glied in einer riesigen Kette und erkennen den Wert ihrer Arbeit nicht.

Eine GLÜCKS-WIR-MARKE muss einem Arbeitnehmer klarmachen, welchen Beitrag er zum Gesamterfolg leistet. Und hier kommt eine entscheidende Fähigkeit zum Einsatz: Eine erfolgreiche GLÜCKS-WIR-MARKE muss von einem starken Chef (Markenführer) geleitet werden, der Führungswissen besitzt und gerne mit Menschen umgeht. Das Motto lautet: *„Führe dich selbst, sonst führt dich keiner."* Der Harvard-Professor Michael E. Porter spricht von "Shared Value", also geteiltem Wert: Wirtschaftliche und gesellschaftliche Ziele müssen miteinander im Einklang stehen. Unternehmen sollten sich also nicht nur auf ihre Gewinne konzentrieren.

Spaß bringt Glücksgefühle und steigert die Motivation. Stimmt der Glückscocktail erst mal, kommen Arbeitnehmer in einen Zustand, der jeden Chef glücklich macht: den sogenannten Flow. Wenn die Arbeit flüssig von der Hand geht und die Zeit vorbeirauscht, dann fühlen sich die Stunden hinter dem Schreibtisch an wie ein Rausch und Mitarbeiter bringen Höchstleistung. Herzschlag, Atmung und Blutdruck synchronisieren sich optimal, das Glückshormon Endorphin schießt durch den Körper und treibt Konzentration, Engagement und Produktivität ans Maximum. Der Flow lässt sich wissenschaftlich als Tätigkeitsrausch beschreiben – der optimale Zustand zwischen Überforderung und Unterforderung.

Fühlen sich Mitarbeiter weder unterfordert noch überlastet, ist ihre Produktivität am höchsten.

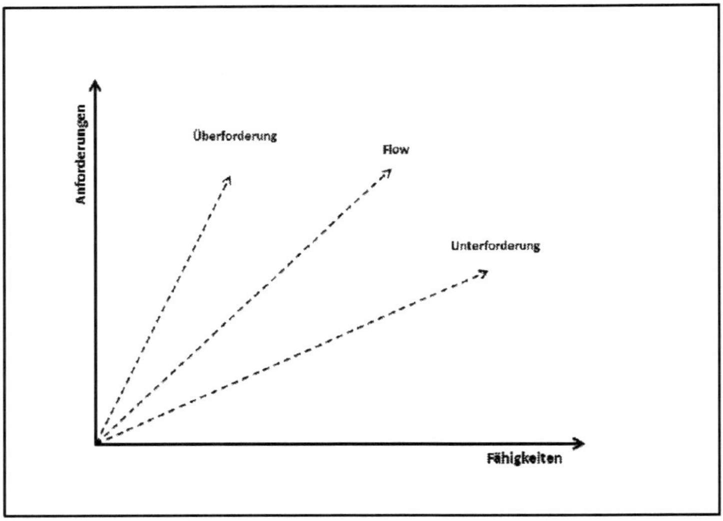

Abbildung 6: Flow-Effekt im Berufsalltag

Wenn der Traum vom Traum-Job wahr wird

Spaß soll die Arbeit machen, einen tieferen Sinn muss sie haben. Aber wie finden Arbeitnehmer den Weg zum perfekten Job? Einen Leitfaden zum Traumberuf erarbeitete der populäre Harvard-Dozent Tal Ben-Shahar und gibt Suchenden drei wichtige Fragen an die Hand:

1. Was sind meine Werte?
2. Was macht mir Freude?
3. Was sind meine Stärken?

Ein perfekter Job passt schließlich zu den Fähigkeiten eines Mitarbeiters und fordert ihn. Wichtig: Steigert ein Arbeitnehmer seine Kompetenzen, müssen auch die Herausforderungen im gleichen Maß wachsen. Dann lassen sich im besten Fall die persönlichen Ziele mit den Gemeinschaftszielen vereinen (WIR-ZIELE). Und dafür braucht es die richtige Führung: Glücksführung oder auch „Happiness Leadership", also mitarbeiterbezogenes Handeln. Wenn ein Vorgesetzter gut führt und vertraut, bringen Mitarbeiter mehr Leistung. Das Credo lautet: Menschen kann man nicht managen. Wo immer es in einem Unternehmen um Menschen geht, muss Management zur Führung werden. Eine zeitgemäße Führung baut in einem Unternehmen Beziehungen auf, die Leistung fördern.

Wie führen erfolgreiche GLÜCKS-WIR-MARKEN? Die Antwort: innovativ. Haben Sie schon einmal von einem Chief Happiness Officer gehört? Nein? Dann wird es Zeit. Denn für den Suchmaschinen-Giganten Google steht das Glück der Mitarbeiter ganz oben auf der Prioritätenliste. So weit oben, dass sich glatt ein Verantwortlicher um das Glück kümmert. Dank seiner Hilfe sollen Mitarbeiter lernen, ihre emotionale Intelligenz und Achtsamkeit zu verbessern. Die Idealvorstellung: Das Glück macht sie zu produktiveren Mitarbeitern und besseren Chefs. Und der Konzern geht noch mehr ungewöhnliche

Wege: Beispielsweise dürfen Mitarbeiter ihre Stellenbeschreibungen selbst verfassen und ihre Stärken dadurch definieren. Im Zentrum der Personalpolitik steht die gegenseitige Inspiration und Bewunderung der Mitarbeiter. Google möchte seine Angestellten weiterentwickeln und ihnen Aufmerksamkeit schenken. Dafür richtet der Konzern auch die Arbeitsplätze unkonventionell ein: Wer sich zwischen Tabellenkalkulationen entspannen möchte, findet in der Kantine eine Rutsche, für die Mittagspause hängen Hängematten parat – und das Essen gibt es sowieso umsonst. Ein Charakterzug zeichnet Google aus: Der Mut, neue Wege zu gehen. Während in Deutschland Innovationen meist aufgrund von Risikoscheue und Angst vor dem Misserfolg im Keim erstickt werden, lebt Google seinen Erfindergeist. Mut zum Risiko ermutigt auch die Arbeitnehmer zu experimentieren. Jeder Mitarbeiter agiert als Unternehmer und hinterlässt seine Spuren im Unternehmen. Erfolge werden gefeiert und honoriert – Fehler toleriert und Probleme gelöst. Das Wir-Gefühl lebt jeder einzelne vor.

Für erfolgreiche GLÜCKS-WIR-MARKEN gibt es auch andere Beispiele: Der Autobauer BMW ermutigt seine Manager jeden Tag drei Dinge in ein Dankbarkeitstagebuch einzutragen – und zwar über einen Zeitraum von 21 Tagen. Die Logik dahinter: Wer sich daran gewöhnt, steigert seine positiven Gefühle und erzeugt Glück.

Hier kannst du Dein Glückstagebuch bestellen:

„Such dir die Arbeit, die du liebst, und du brauchst keinen Tag im Leben mehr zu arbeiten."

Konfuzius

Ein Mensch ist dann glücklich, wenn er seine innere Motivation erkennen und verwirklichen kann. Selbstverwirklichung bedeutet demnach, das Optimum aus seinen Stärken herauszuholen und nach seinen Werten zu leben. Das größtmögliche Glück entsteht, wenn man seine wahre Persönlichkeit mit anderen Menschen teilt und sich dadurch selbst besser kennenlernt.

GLÜCKS-WIR-MARKEN profitieren davon, wenn sie die Fähigkeiten ihrer Mitarbeiter fördern und damit in ihr Humankapital investieren. Und wie vermehrt sich das Kapital am besten? Durch das Zusammenspiel der richtigen Komponenten: Wenn Umfeld, Motivation und Potenzial übereinstimmen. Das Humankapital zu steigern, ist die Aufgabe der Führungskräfte, in einem Unternehmen muss dieses Wissen nachhaltig aufgebaut werden. Beispielsweise, indem Chefs ihre Angestellten führen, ohne ihr Ego in den Vordergrund stellen und sich auch Zeit für ihre Probleme nehmen, also eine Atmosphäre schaffen, die geprägt ist von Vertrauen und Verständnis. So funktioniert empathische Führung. Diese Erfolgskombination schafft langfristig eine authentische GLÜCKS-WIR-MARKE. Und das lohnt sich.

Die Rendite für Unternehmen lässt sich nicht nur an der guten Laune und der Motivation der Mitarbeiter ablesen. Sie lässt sich an harten Fakten festmachen und bringt schließlich bares Geld: Nach den Untersuchungen der Gallup-Studie sind glückliche Mitarbeiter engagierter und erfolgreicher. Sie sind seltener krank und sie sind dem Unternehmen gegenüber viel loyaler als unglückliche Angestellte.

Gesunde Mitarbeiter sind gute Mitarbeiter. Arbeitnehmer fühlen sich gesund, ausgeglichen und geschätzt, wenn der Chef sie lobt, respektiert und ihnen vertraut. Dann stimmt im Gegenzug auch die Leistung. Experten sprechen von Salutogenese, also Gesundheitsentstehung. Frei nach dem Motto: Gesundheit fördert Arbeit.

Ein entscheidender Faktor: Layard bezeichnet physische und psychische Gesundheit als Glücksfaktor. Zusätzlich fördern lässt sich die Gesundheit der Mitarbeiter durch Sport (Fitnessräume, Laufwettbewerbe) und einen ergonomischen Arbeitsplatz. Und jetzt raten Sie mal, welcher Mensch auf dem Planeten am meisten Glück verspürt. Nein, es geht nicht um einen Multi-Milliardär wie Warren Buffett oder Bill Gates. Aufgrund wissenschaftlicher Erkenntnisse ist die glücklichste Person der Welt Matthieu Ricard. Der buddhistische Mönch und Molekularbiologe aus Frankreich lebt mittlerweile in einem Kloster in Nepal. Und es scheint kein Wunder zu sein, dass der Buddhismus glückliche Menschen hervorbringt. Beispielsweise hat die Regierung von Bhutan ihren eigenen Weg zum Glück ausgegeben:

„So überrascht es nicht, dass das wichtigste Ziel der Bhutaner ein glückliches Leben ist. Die zentrale Richtschnur, das übergeordnete Konzept des modernen Bhutan ist das „Brutto-National-Glück". Das bedeutet, dass in Bhutan die ökonomische Entwicklung, das alleinige Ziel vieler Gesellschaften, nur ein Mittel zur Erreichung des eigentlichen Ziels, des Glücks, ist."

Bhutan – Land des Donnerdrachens, herausgegen von der Regierung von Bhutan.

Die Politik des Glücks ist mittlerweile auch im Westen angekommen ... Glücksministerium.

7 Fragen an Walter Gunz (Mitbegründer von Saturn/Media-Markt)

1. *Wie definieren Sie Glück im Beruf?*
   Glück kommt, Glück vergeht, aber Glück lässt sich nicht herbeiführen. Es bringt uns Glück, wenn wir dankbar sind für das, was uns gegeben wurde. Selbst habe ich Glück erlebt, als mir Mitarbeiter bei Media-Markt immer wieder davon berichtet haben, dass die Arbeit viel schöner sei als vorher erhofft. Das war der geistige Lohn für meine Handlung. In solchen Momenten wird der Beruf zur Berufung und führt uns zur Aufgabe. Da ruft einen etwas. Man hört seine innere Stimme und erkennt seine Vision. Das lässt sich mit einer fließenden Quelle vergleichen: Man spürt Freude und findet den richtigen Weg. Und Glück muss geteilt werden, dann potenziert es sich. Wenn das eigene Ego verschwindet, findet sich der Mensch.

2. *Wie haben Sie Ihre Mitarbeiter bei Media-Markt glücklich gemacht?*
   Ich wollte Freiheit, Liebe und Vertrauen schenken. Ich habe versucht, meine Mitarbeiter zu erkennen, anzuerkennen, und sein zu lassen, wie sie waren. Aber ich habe sie auch gefordert und an die Verantwortung der Freiheit erinnert. Manchmal haben wir Geschaffenes wieder zerstört, um es noch besser zu machen. Wir haben uns gemeinsam in ein Abenteuer begeben. Angst haben wir vermieden – und Freude gesucht.

3. *Warum ist Vertrauen für den Erfolg eines Unternehmens so wichtig?*
   Vertrauen ist die Grundlage für alles, Vertrauen ist geschenkte Freiheit. Erst Vertrauen macht es möglich, dass große Dinge entstehen. Dafür müssen in einem Unternehmen die Strukturen stimmen. Durch eine dezentrale

Organisation entscheiden die Mitarbeiter vor Ort und tragen mehr Verantwortung. Menschen müssen Vertrauen empfangen und auch wieder weitergeben. Das muss sich multiplizieren – und dafür muss immer jemand mit dem Vertrauen anfangen. Was spricht gegen Vertrauen? Nur der Wunsch nach Kontrolle. Der Spruch „Vertrauen ist gut, Kontrolle ist besser" stimmt aber leider nicht. Kontrolle wirkt sich negativ aus: Der Mensch erfährt kein Vertrauen, und sogar zusätzlich Misstrauen. Aber es muss auch Grenzen geben. Alles, was grenzenlos ist, macht dem Menschen ohnehin Angst. Eine Begrenzung schafft Ruhe, das lässt sich mit der Mauer eines Klostergartens vergleichen.

4. *Wie geht empathische Führung?*
   Ein Vorgesetzter muss sich zurücknehmen. Die Empathie macht uns zum Empfänger, Verkünder und Umsetzer von wunderbaren Dingen. Der Erfinder ist also kein Macher, er findet etwas. Mit den Menschen muss man Ziele besprechen und gemeinsam vereinbaren. Im Gegenzug tragen sie Mitverantwortung. Ein Mensch muss immer das Gefühl haben mitzuwirken. Sonst fühlt er sich nur um des Zieles Willen geschätzt und nicht als Mensch.

5. *Ist Erfolg ohne Mut zum Risiko möglich?*
   Erfolg, Leben, Bewegung, jeder Schritt ist von Anfang an mit einem Risiko verbunden. Darum heißt der Ursprung ja auch Ursprung und nicht Ur-Schrittchen. Da springt etwas, und wenn man springt, weiß man nicht genau, wie man ankommt. Beispielsweise sind wir bei Media Markt nur mit zwölf Leuten und 20.000 Mark Kapital gestartet. Angst ist dagegen ein schlechter Berater. Wer Angst hat, ist nicht bei sich selbst. Und wer nicht bei sich selbst ist, kann auch nicht beim anderen sein. Man darf dem Ego nicht gehorchen und damit Ängsten und Dämonen, dabei kann ohne Glück nichts herauskommen. Risiko bedeutet

aber nicht, blind Wagnisse einzugehen. Man muss wissen, was man nicht kann. Die entscheidenden Fragen: Kann ich? Darf ich? Soll ich?

6. *Wann ist eine Marke authentisch? Und wie gelang es bei Media-Markt?*
   Eine authentische Marke spiegelt die Vision des Unternehmens. Sie umfasst die Vision des Vorgesetzten und der Mitarbeiter und bildet die DNA des Unternehmens. Davon leiten sich Ziele, Marke, Marketing und Werbung ab. Sie ist wie ein authentischer Mensch, denken, reden und handeln stimmen überein. Sie ist immer ehrlich und verspricht nichts Falsches. Wenn die Marke ein Eichhörnchen ist, kann sie nicht daherkommen wie ein Elefant. Und der Slogan muss dann eben zum Eichhörnchen passen und nicht zum Elefanten. Beispielsweise sind Sixt und Hornbach gute Beispiele für eine authentische Marke.

7. *Warum ist Vision/Fantasie wichtiger als Wissen?*
   Das Problem an Wissen: Es will Recht haben. Aber Erfolg, Liebe und Hoffnung kann man nicht wissen. Deswegen bringt Wissen allein keine Vision, Innovation und Ideen hervor. Nur wer fragt, Neues sucht und sich darauf einlässt, wird erfolgreich sein. Glauben ist wesentlich wichtiger als Wissen, denn Wissen ist beschränkt. Wir haben alle mehr Potenzial in uns, als wir uns bewusst machen. Dieses brache Potenzial wird nicht nur durch Wissen geweckt. Die Inder sagen, man muss den Intellekt entwickeln – und dann über Bord werfen. Man muss die Grenzen des Wissens erkennen - beispielsweise bei Vorhersagen. Selbst der erfolgreichste Unternehmer kann die Zukunft nicht wissen. [66]

---

[66] Walter Gunz: Ich war doch nicht blöd, Lüdenscheid/Berlin 2013

Richard Branson – Ein CEO als WIR-MARKE

„Geschäft soll Spaß machen."
Richard Branson

Blonde Mähne, strahlendes Lächeln, er fährt Ballons, macht Werbung im Brautkleid und stürzt sich waghalsig auf Surfbretter. Klingt das nach einem erfolgreichen Firmenlenker? Nicht unbedingt, es klingt mehr nach einem Enfant terrible oder einem Exzentriker. Was auf den ersten Blick negativ klingt, würde Richard Branson wahrscheinlich als Kompliment auffassen. Denn der 63-jährige Brite ist einer der erfolgreichsten Manager der Welt, gründet Unternehmen in Serie und verdient damit Milliarden. Und er verdankt den Erfolg vor allem seiner Exzentrik und seiner Liebe zum Risiko. Getreu seinem Motto: „Die Mutigen mögen nicht ewig leben, aber die Vorsichtigen leben überhaupt nicht." Das Leben des Richard Branson ließe sich auch perfekt mit seinem Lieblingssong beschreiben: „My Way" von Frank Sinatra. Branson geht seinen eigenen Weg – und zwar erfolgreich. Ob Medienbranche, Fluggesellschaft oder Brautmodengeschäft, für Bransons Geschäftsmodelle gilt: Nichts ist unmöglich.

Aber wie landet Branson einen Coup nach dem nächsten? Die Antwort erscheint einfach: Der Gründer von Virgin ist einer von uns - eine echte WIR-MARKEN-PERSÖNLICHKEIT: authentisch, leidenschaftlich und ambitioniert. „Sind Sie hier der Chef?", wurde Branson einst gefragt. Seine Antwort: „Eigentlich nicht, wir arbeiten alle zusammen." Alle Mitarbeiter erfahren von Branson dieselbe Aufmerksamkeit und Wertschätzung. Keiner steht hierarchisch über oder unter einem. Man könnte sogar sagen, er hat die klassische Hierarchie-Pyramide einfach umgedreht. Branson schenkt seinem Team nicht nur Aufmerksamkeit, er schenkt auch Vertrauen: Fehler sind in der Welt des Entrepreneurs kein Tabuthema. Wenn sich ein Mitarbeiter einmal einen Fehltritt leistet, wird darüber gesprochen und der Fauxpas behoben. Menschen müssen aus ihren Fehlern lernen und das können sie nur, wenn sie eine zweite Chance bekommen. Die Mitarbeiter stehen bei ihm an erster Stelle und treffen eigenständige Entscheidungen. Der Grund dafür: Sie sind die Experten im Umgang mit den Kunden.

Und diese Expertise nutzt Branson als Innovationsquelle: Jeden Tag beantworten Mitarbeiter im Servicecenter unzählige Fragen und nehmen Beschwerden entgegen. Für diese Herausforderungen müssen sie Lösungen finden - und zwar schnell. Kundenberater müssen situativ auf die Belange der Kunden eingehen und Eigenverantwortung zeigen. Zu viele Vorgaben würden diese Freiheit unterbinden und zu Standardlösungen führen. Dagegen ergeben gesunder Menschenverstand und emotionale Intelligenz die perfekte Symbiose und ermöglichen ein einzigartiges Kundenerlebnis.

Branson ist ein WIR-MARKENFÜHRER, der seine Werte lebt, aktiv auf seine Mitarbeiter zugeht und ihnen zuhört. Der CEO versteckt sich nicht hinter Strategien, er kennt seine Mitarbeiter persönlich und weiß, wie seine Mannschaft tickt. Die Firma ist für ihn eine große Familie, das ist seine WIR-Philosophie. Und Branson lässt Taten sprechen. Regelmäßig besucht der Visionär seine Mitarbeiter in deren Büros. Einmal im Jahr lädt er seine „Familie" sogar ein, um ausgelassen zu feiern und sich bei allen persönlich zu bedanken. „Mr. Virgin" bemüht sich, seinen Mitarbeitern das bestmögliche Arbeitsumfeld zu bieten. Ein Alleinstellungsmerkmal ist die starke WIR-Identifikation mit dem Unternehmen, es wird offen kommuniziert: Das Wir steht immer im Mittelpunkt.

Flexibilität ist seine große Charakterstärke. Aus alten Mustern ausbrechen und neues Terrain betreten – für ihn ist das selbstverständlich. Nichts zu verändern und alles so zu lassen wie es ist, kommt gar nicht in Frage. Führung heißt für Branson Veränderung. Stillstand ist tabu, Innovationen sind gefragt. Das zeigt sich auch in der Gestaltung der Arbeitsräume: Ein WIR-BÜRO verhilft Unternehmen, die Kreativität jedes Einzelnen anzuregen. Klassische Großraumbüros sind eng und ungemütlich – WIR-BÜROS dagegen Orte, die verbinden und die Arbeit zu Spaß werden lassen.

Die Innovation ist ein Motor für Bransons Erfolg, viele ehemals erfolgreiche Unternehmen haben den Wandel verschlafen und sind deshalb Pleite gegangen. Erfolge sind fragil und halten nicht ewig. Die Welt verändert sich ständig und so müssen auch Unternehmen dynamisch agieren, um Antifragilität zu erlangen. Antifragil ist alles, was von zufälligen Ereignissen oder Erschütterungen mehr profitiert, als es darunter leidet, so definiert es der Philosoph Nassim Taleb. Das heißt: Unternehmen, die unvorhersehbare Ereignisse wie Umwelteinflüsse oder Marktentwicklungen positiv für sich nutzen können, werden auch langfristig erfolgreich sein. Auch eine authentische Marke hilft, um Antifragilität zu erlangen. Branson lehnt ein idealisiertes Markenimage kategorisch ab. Wie eine Persönlichkeit hat auch eine Marke Ecken und Kanten und deshalb spricht Branson ganz offen über Stärken und Schwächen seiner Unternehmen. Um die Marke zu stärken, führt Virgin bei der Identifizierung neuer Geschäftsmöglichkeiten einen sogenannten Markentest durch. Branson stellt sich immer die entscheidende Frage: Passt die neue Idee ins Marken-Universum des gesamten Imperiums? [67]

---

[67] Richard Branson: Like a Virgin. Erfolgsgeheimnisse eines Multimilliardärs,. Kulmbach 2013

Adidas – Beispiel einer erfolgreichen WIR-MARKE

Woran denken Sie, wenn Sie drei Streifen sehen? Natürlich: an Adidas. Selbst Sportmuffel verbinden die drei Streifen mit Fußball, Sneakern oder Trainingsanzügen. Exakt vor 86 Jahren trugen Leichtathleten bei den Olympischen Spielen in Amsterdam zum ersten Mal Klamotten von Adidas – und auch 2014 haben Schweinsteiger, Lahm und Co. ihre Adidas-Schuhe bei der WM in Brasilien geschnürt. Adidas steht für Tradition, Adidas steht für Erfolg, der Sportkonzern funktioniert als Marke und liefert damit das perfekte Beispiel für eine GLÜCKS-WIR-MARKE. Der Erfolg lässt sich nicht nur an der Bekanntheit der Marke ablesen, auch die Geschäftsentwicklung spricht für sich: Seit Anfang 2009 verdreifachte sich der Aktienkurs und damit der Wert des Unternehmens. Rund 15 Milliarden Euro bringt der Konzern aus Herzogenaurach auf die Börsenwaage. Und die Ziele sind weiterhin ehrgeizig: Um in den kommenden fünf Jahren erfolgreicher zu werden, hat Adidas-Chef Herbert Hainer den Strategieplan „Creating the New" ausgerufen. Adidas will sich neu erfinden und die Kunden künftig in Entwicklung und Präsentation der Produkte einbinden, um das WIR-Gefühl zu stärken. Hainer übernimmt Verantwortung für die herben Rückschläge, die Adidas vergangenes Jahr hinnehmen musste und das verleiht ihm auch bei den Investoren Glaubwürdigkeit.

Abbildung 7: Aktienkursentwicklung bei Adidas
Quelle: Thomas Reuters Datastream

Wie der Plan umgesetzt werden soll, das lebt der Vorstandsvorsitzende Herbert Hainer jeden Tag mit Leidenschaft vor – die Tür zum Chefbüro steht jedem Mitarbeiter offen. Früher war ein solcher Führungsstil bei Adidas keinesfalls üblich: Hainer steht gemeinsam mit seinem französischen Amtsvorgänger Robert Louis-Dreyfus für den Umbruch des Konzerns zu einem erfolgreichen und modernen „Global Player“. Früher sprachen die Manager einander noch mit "Herr Doktor" auf den Gängen an. Vor den Chefzimmern prangten Ampeln, die anzeigten, ob Mitarbeiter eintreten dürfen. Doch die Zeiten haben sich geändert: Beispielsweise sieht man Hainer selbst nie mit Krawatte. Und so dürfen sich auch die Mitarbeiter frei entfalten. Es gibt keinen Dresscode bei Adidas, alle sollen authentisch bleiben und ihre Vielfalt zeigen. Adidas fördert das Verhältnis zwischen seinen Mitarbeitern und bezeichnet sie nicht als Kollegen, sondern als Freunde.

Und der Führungsstil kommt an bei den Mitarbeitern: Im Februar 2014 zeichneten das Magazin Focus und das Karriereportal Xing den Sportkonzern als einen der besten Arbeitgeber Deutschlands aus. In der Studie wurden fast 20 000 Mitarbeiter aus allen Hierarchie- und Altersstufen zu ihrem Unternehmen befragt. Sind die Aufgaben gerecht verteilt? Ermutigt mich meine Firma zur Eigeninitiative? Steht die Unternehmensführung loyal zu den Mitarbeitern? Wie steht es um die Vereinbarkeit von Familie und Beruf? 54 Fragen rund um den Job waren zu beantworten. Die entscheidende Frage: Würden Arbeitnehmer ihre Firma an Freunde und Verwandte weiterempfehlen? Und Adidas überzeugte.

Das Motto von Adidas: „So wenig Regeln wie nötig, so viel Flexibilität wie möglich."

Was macht Adidas nun, um so gut als Arbeitgeber anzukommen? Der erste Punkt lautet: Flexibilität. Adidas ermöglicht so viel Freiraum wie möglich, die Mitarbeiter sollen sich ihre Zeiten flexibel einteilen. Der Konzern setzt auf „Fair Play" gegenüber den Mitarbeitern. „Es ist unser erklärtes Ziel, die geschäftlichen Interessen des Konzerns mit den privaten und familiären Bedürfnissen unserer Mitarbeiter in Einklang zu bringen."

Dafür entwickelte Adidas das „FlexiTime"-Konzept. Alle Mitarbeiter können ihre Arbeitszeit frei gestalten, die Zeiten werden freiwillig erfasst. Überstunden sind keinesfalls umsonst, sie können als „FlexiDays" eingelöst werden. Wer an einem Tag zusätzliche Stunden leistet, kann am nächsten früher nach Hause gehen. Freiheit und Vertrauen bestimmen den Arbeitsrhythmus. In der Firmenzentrale in Herzogenaurach führte Adidas zudem „MyTime" ein – ein Lebensarbeitszeitkonto. Wer genug Überstunden sammelt, kann sie schließlich als Urlaubszeit oder gar Sabbatical geltend machen. Auch ein frühzeitiger Renteneintritt oder Zeit für Weiterbildung ist möglich. Wenn Mitarbeiter eine Familie gründen wollen, bietet sich Teilzeitarbeit an. Wer in Elternzeit geht, kann trotzdem weiterhin als Teilzeitkraft wertvolle Arbeit für das Unternehmen leisten. Adidas plant diesen Bereich auszubauen: Auch für Führungskräfte soll die Teilzeitarbeit einfacher werden. Dafür bietet sich auch Telearbeit an, also Arbeiten aus der Ferne – ein weiterer Flexibilitätsgewinn für Adidas-Mitarbeiter.

Von seinen Mitarbeitern verlangt der Konzern natürlich auch eine Gegenleistung für den entgegenkommenden Führungsstil. Allerdings sollten die Erwartungen für jeden Arbeitnehmer wie eine Einladung klingen. Zum einen fordert der Sportriese Leidenschaft von seinen Mitarbeitern. Sie sollen für die Traditionsmarke brennen, und sie sollen für den Sport brennen. Der sportliche Lifestyle der Marke wird als GLÜCKS-WIR-MARKE von jedem einzelnen vorgelebt.

Zum anderen möchte der Konzern seine Belegschaft ermutigen, an der Innovationskraft mitzuarbeiten. Adidas beschäftigt mehr als 50 000 Mitarbeiter in mehr als 160 Ländern, ein riesiges Reservoir an Wissen und Kreativität. Und genau diese Stärken soll jeder einzelne einbringen. Adidas erwartet von allen Konzernbereichen mindestens eine bedeutende Innovation pro Jahr.

Um die Leistung der Mitarbeiter zu fördern, bietet Adidas ein attraktives Arbeitsumfeld. In der Firmenzentrale in Herzogenaurach spiegelt sich das Konzept der GLÜCKS-WIR-MARKE bereits in der Einrichtung wider. Die innovative Gestaltung der Arbeitsplätze bildet den Markenkern ab: Alle Räume sind hell und freundlich gestaltet, hochmodern und mit viel Tageslicht ausgeleuchtet. Zwischen den Schreibtischen hängen Adidas-Trikots oder Sporttaschen. Der Geist des Sports und der Marke, die Dynamik und die Leidenschaft werden bereits auf den ersten Blick sichtbar.

Damit die Mitarbeiter ihre Liebe zum Sport auch ausleben können, bietet Adidas Möglichkeiten an: An einigen Standorten gibt es Fitness- und Trainingsstudios und Kurse für Sportarten wie Nordic Walking, Yoga oder Rückenschule, zudem Rad- oder Kajak-Touren und Golf-Camps. Athleten besuchen die Firma, und für die leidenschaftlichen Sportfans unter den Angestellten gibt es Tickets für Sportveranstaltungen, und auch Ausflüge für die gesamte Familie und Fahrten zu Sportveranstaltungen wie zu Champions-League-Spielen oder zur Handball-WM. [68]

---

[68] Adidas-Geschäftsbericht 2013

Glückliche Mitarbeiter

Fazit: So funktioniert Happiness in der Wirtschaft

- Happiness lässt sich als emotionales Wohlbefinden beschreiben, das Glücklichsein im Moment meint. Aber auch als kognitives Wohlbefinden, also ein dauerhaftes Gefühl der Zufriedenheit im Leben.
- Mitarbeitern sind Anerkennung und Lob am Wichtigsten, Führungskräfte setzen dagegen oftmals auf den Faktor Bezahlung. Aber ein Job darf auf keinen Fall dazu führen, dass sich Menschen von ihrem Arbeitgeber entfremden.
- Wenn Grundbedürfnisse gestillt sind, führt mehr Reichtum nicht zu mehr Glück. Selbstverwirklichung ist also das wichtigste Ziel des Menschen.
- Wenn Mitarbeiter Vertrauen spüren und einen Sinn in ihrer Arbeit erkennen, setzen sie positive Emotionen frei und arbeiten mit mehr Motivation.
- Wenn das Arbeitsumfeld stimmt, erreichen Mitarbeiter den sogenannten Flow. Ein Tätigkeitsrausch, der optimale Zustand zwischen Überforderung und Unterforderung.
- Der perfekte Job ergibt sich durch die Schnittmenge aus Werten, Freude und persönlichen Stärken
- Ein Mensch ist dann glücklich, wenn er seine innere Motivation erkennen und verwirklichen kann. Selbstverwirklichung bedeutet demnach, das Optimum aus seinen Stärken herauszuholen und nach seinen Werten zu leben.
- Nach den Untersuchungen der Gallup-Studie sind glückliche Mitarbeiter engagierter und erfolgreicher, seltener krank und sie sind loyaler.

Ausblick:
7 Tools für glückliche Mitarbeiter zur Schaffung eine erfolgreiche WIR-MARKE

1. **Werte:**
   Eine erfolgreiche WIR-MARKE bringt die Werte von Unternehmen und Mitarbeitern zusammen. Durch diese gegenseitige Wertschätzung wird das Glück zum Erlebnis und steigert das Wohlbefinden. Werte machen eine Marke wertvoll und einzigartig.

2. **Vertrauen:**
   Eine erfolgreiche WIR-MARKE lässt ihren Mitarbeitern Freiraum und schenkt Vertrauen. Der offene Umgang mit Stärken und Schwächen bringt Glaubwürdigkeit und empathische Mitarbeiterführung baut nachhaltige Beziehungen auf. Dieses Miteinander stimuliert die Leistung und kreiert eine authentische Marke.

3. **Mitarbeiter im Mittelpunkt:**
   Eine erfolgreiche WIR-MARKE investiert in ihr Humankapital. Wenn Umfeld, Motivation und Potenzial übereinstimmen, profitieren Unternehmen und Mitarbeiter in gleichem Maß voneinander. Jedes Individuum ist einzigartig und verleiht dem Unternehmen ein unverwechselbares Gesicht.

4. **Selbstverwirklichung:**
   Eine erfolgreiche WIR-MARKE macht jeden Mitarbeiter zum Unternehmer/Markenbotschafter und gibt ihm die Verantwortung, sein persönliches Glück zu gestalten und ein erfülltes Leben zu führen. Wenn ein Mitarbeiter einen tieferen Sinn in der Arbeit erkennt, sehnt er sich nach mehr Arbeit und versteht sie als Berufung. Dieses Gefühl

der Selbstverwirklichung setzt positive Emotionen frei und stärkt die Motivation.

5. **Innovationen:**
   Eine erfolgreiche WIR-MARKE geht neue Wege und verfolgt klare Ziele. Kreativität und Flexibilität sind der Motor für Innovation. Mitarbeiter brauchen dafür ein inspirierendes Arbeitsumfeld, das Partizipation ermöglicht und Spaß macht. In einem dynamischen Umfeld werden kontinuierliche Veränderungen gefordert – Stillstand bedeutet Rückschritt.

6. **Positionierung:**
   Eine erfolgreiche WIR-MARKE hat eine eigene Philosophie. Das Glück ist im Markenkern verankert und überall zu erleben. Dieses Versprechen führt zu einer hohen Identifikation der Mitarbeiter mit der Marke. Das WIR-GEFÜHL ist ein Differenzierungsmerkmal im Wettbewerb und auch für den Kunden spürbar.

7. **Markenführung ist Chefsache:**
   Eine erfolgreiche WIR-MARKE wird von einem authentischen Unternehmer geleitet. Der Markenführer muss Vorbild sein und im Umgang mit Menschen Führungswissen situativ einsetzen. Wo immer es in einem Unternehmen um Menschen geht, muss Management zur Führung werden. Die Aufgaben müssen auf die Fähigkeiten der Mitarbeiter ausgerichtet werden und mit den steigenden Kompetenzen mitwachsen. Das Motto lautet: „Führe dich selbst, sonst führt dich keiner."

Über die Autoren:

Hermann H. Wala ist Inhaber von Wala Strategy & Brand Consultants mit Sitz in München.

Der gefragte Marketingstratege berät ambitionierte Mittelständler und große Unternehmen, unter anderem Gruner + Jahr, Gore & Associates, BayWa AG, ProSiebenSat1, Sky und Versatel.

Zuvor war er bei Hubert Burda Media für das Konzernmarketing verantwortlich und in führenden Werbeagenturen wie Saatchi & Saatchi und Ogilvy & Mather tätig.

Mehr als zwei Jahrzehnte Marken- und Marketingerfahrung fließen in Hermann H. Walas Expertise ein. Heute gibt er sein Wissen unter anderem als Keynote-Speaker weiter. Er hält Vorlesungen an verschiedenen Universitäten, Fachhochschulen, Akademien und auf Kongressen zum Thema Marken-Positionierungs-Strategien und ist als Markenkolumnist auf Focus Online, der Marke41 und weiteren engagiert.

Damit begeistert Hermann Wala hunderte von Menschen. Das Thema WIR-MARKEN ist ihm dabei ein besonderes Anliegen, das er ebenso leidenschaftlich wie praxisorientiert vertritt.

Der Best- und Longseller „Meine Marke“ von Hermann H. Wala erscheint bereits in 8. Auflage und ist jetzt auch in polnischer und chinesischer Sprache erhältlich.

Rufen Sie Hermann Wala jetzt an und erfahren Sie mehr.

Sofort-Kontakt: +49 (0) 89 2370 9990

ATYOURSITE MARKETING KOMMUNIKATION GmbH
Maximilianstraße 47
80538 München
h.wala@atyoursite.de
www.hermann-wala.com

www.hermann-wala.com

Dr. Uwe H. Lebok ist Vorstand (CMO) bei der K&A BrandResearch AG, Gesellschaft für qualitative Marktforschung und Marketing-Konzepte.

Der promovierte Demograph berät seine Kunden in Markt- und Markenstrategie mittels Research-basierter Insights aus BigData, quantitativen Positionierungsanalysen und psychologischer Forschung.

Besondere Expertise in der Markenberatung weist der Autor in den Segmenten HealthCare, Handel sowie Food & Beverage auf. Vor seiner Tätigkeit als Marktforscher und Markenberater war er jahrelang in Forschung und Lehre an unterschiedlichen Universitäten in den Fachbereichen Demografie, Sozialepidemiologie und PublicHealth tätig.

Neben der aktiven Kundenbetreuung publiziert er zu aktuellen Marketing-Themen in zahlreichen Fachzeitschriften (Markenartikel, marke41, HealthCare Marketing, Brauwelt, pharmaRelations, LZ, Rundschau, u.v.a.), hält Vorträge auf Kongressen, Messen, im Rahmen von Lehraufträgen und bietet Seminarreihen im deutschsprachigen Raum (K&A BrandSeminare, HealthCare-Effizienztage). Insbesondere im HealthCare-Bereich und in der Getränkeindustrie ist er aufgrund seiner Expertise ehrenamtlich als Juror und Beirat tätig.

Dr. Uwe Lebok schreibt, spricht, malt stets direkt und schnörkellos und inspiriert sein Publikum durch übergreifende Marketingexpertise, Emotionen und seiner eigenen Art an Humor. Das Erleben von Marken aus den Zielkunden heraus, sowie die proaktive Gestaltung einer besseren Markenbeziehung sind stets sein besonderes Anliegen – insbesondere für die neuen Verbraucher aus GenYZ.

Rufen Sie Dr. Uwe Lebok jetzt an und erfahren Sie mehr.

Sofort-Kontakt: +49 (0) 911 995420

K&A BrandResearch AG
Am Gewerbepark 4
90552 Röthenbach b. Nürnberg
u.lebok@ka-brandresearch.com
www.ka-brandresearch.com

Firmen- und Markenverzeichnis

Stichwortverzeichnis

„Meine Marke“ von Hermann H. Wala

Best- & Longseller bereits
in überarbeiteter 8. Auflage

ISBN Print 978-3-86881-518-4
Redline Verlag
€ 24,99
Auf Amazon erhältlich

Erfolgreiche Marken berühren, gewinnen und bewegen Kunden Herzen.
Was machen Apple, Google und Co. anders als andere Unternehmen? Was steckt hinter dem Erfolg von Nespresso, Red Bull oder Starbucks? Die Spielregeln für starke Marken haben sich in den letzten Jahren dramatisch verändert.

Hermann H. Wala entschlüsselt in seiner 8. überarbeiteten Auflage die Erfolgsstrategien großer Marken von heute: Die Gewinner der Entwicklung sind jene Unternehmen, die ein »WIR-Gefühl« zwischen Mensch, Marke und Medium schaffen, eine besondere emotionale Verbundenheit. Diese WIR-MARKEN müssen im gesamten Unternehmen gelebt und von der Unternehmensführung glaubwürdig verkörpert werden. Lesen Sie, mit welchen 7 Tools Entscheidungsträger ihre Marke zu einer WIR-MARKE machen – fundiert, praxisorientiert und unterhaltsam.

Zusatzplus: Vorwort von Prof. Dr. Burda und 7 prominente Markenbotschafter geben in einem Interview Auskunft über Ihre Erfolgsstrategien, so zum Beispiel:
Herbert Hainer, adidas AG
Prof. Dr. Dr. h.c. Hermann Simon, Simon-Kucher & Partners
Thomas Ebeling, ProSiebenSat.1 Media ...

Mehr als zwei Jahrzehnte Marken- und Marketingerfahrung fließen in Hermann H. Walas Expertise ein. Heute gibt er sein Wissen nicht nur als Best- und Longseller Autor weiter, sondern auch als Keynote-Speaker. Damit begeistert Hermann Wala hunderte von Menschen. Das Thema WIR-MARKEN ist ihm dabei ein besonderes Anliegen, das er ebenso leidenschaftlich wie praxisorientiert vertritt.

www.hermann-wala.com

Warum Marken den Dialog mit Kunden suchen müssen

Ralph Ohnemus:
Markenerleben. Die Strategie im Hyperwettbewerb und Informationstsunami

edition carthago (2015), 128 Seiten, gebunden
€ 19,90
ISBN: 978-3-9815661-1-6

Lernen Sie „Karina" kennen, eine Verbraucherin, die in Zeiten von Überangebot und Informationsflut ihre eigene Strategie entwickelt, um ihren Alltag zu gestalten. Erkennen Sie mit den Augen von „Karina", wie Sie selbst einkaufen und wann Sie überhaupt noch an Marken denken. Kaufentscheidungen treffen wir tagtäglich, aber Marketing fällt es immer schwerer, Menschen gezielt zu bewegen.

Dieses Buch stellt das ganzheitliche Erleben des Individuums in den Mittelpunkt und zeigt neue Wege auf, wie und warum sich Unternehmen anders aufstellen müssen, um Marken in Zeiten der Reizüberflutung steuern zu können. Nur wer Menschen in ihrem Alltagsverhalten versteht, kann sie als Marke heute noch erreichen.

Eine kurzweilige Lektüre, die neueste Erkenntnisse aus Marketing und Psychologie mit nachvollziehbaren Beispielen aus dem Alltagsleben von Konsumenten verknüpft! Ein praxisnahes Buch, das nicht mit überladenen Details und Statistiken erschlägt, sondern unser alltägliches Tun, Handeln, Einkaufen erlebbar macht und zahlreiche Anregungen liefert, wie Markenführung in Zukunft erfolgreich gestaltet werden kann.

Ralph Ohnemus ist seit 2001 Vorstand (CEO) und Hauptanteilseigner der K&A BrandResearch AG.

Zuvor bekleidete er zahlreiche nationale und internationale Senior-Management-Positionierungen in Marketing und Vertrieb, unter anderem bei Unilever Deutschland/Australien, Levi's, Bertelsmann, Seagram und Viag Interkom/O2.

Seine Expertise in Marketing und Konsumentenpsychologie stellt er über zahlreiche Fachvorträge, Publikationen und monatlich, digital vertriebene „Gedankensplitter" aus der Verbraucherwelt (BrainCandy) mehrfach unter Beweis.

Jetzt freiwillig Follower der BrainCandys werden. Anmelden unter: *info@ka-brandresearch.com*

Notizen

17364845R00111

Printed in Poland
by Amazon Fulfillment
Poland Sp. z o.o., Wrocław